Neurasthenie.

Eine Skizze

von

Dr. Otto Veraguth,
Nervenarzt, Privatdozent an der Universität Zürich.

Berlin.
Verlag von Julius Springer.
1910.

ISBN-13: 978-3-642-89475-6 e-ISBN-13: 978-3-642-91331-0
DOI: 10.1007/978-3-642-91331-0

Reprint of the original edition 1910

Vorwort.

Die folgenden Zeilen enthalten die Erweiterung einer Abhandlung, die in den Ergebnissen der innern Medizin und Kinderheilkunde erschienen ist. Sie haben die Frage nach dem Wesen der Neurasthenie und nach daraus entspringenden Folgerungen für Erkennung und Behandlung dieser Krankheit zum Gegenstand.

Der Ursprung der Skizze aus dem genannten Sammelwerk bringt es mit sich, daß der Leser nicht eine lückenlose Systematik von Einzeldaten darin erwarten darf; — vor dieser Voraussetzung warnt übrigens schon ihr geringer Umfang; vielmehr bezweckt dieser Versuch mit seiner subjektiven Färbung die Anregung zur Revision der wesentlichsten Punkte im Bild der Neurasthenie und zu neuen Fragestellungen.

Bezüglich der benützten Literatur wird auf den III. Band der Ergebnisse, Seite 370—373, verwiesen.

Zürich, im Januar 1910.

Otto Veraguth.

Inhaltsverzeichnis.

I.

III.

I.

Die Entwickelungsgeschichte des Neurastheniebegriffes

Die von George M. B. Beard geprägte Bezeichnung der Neurasthenie für die Krankheit, als deren Grundzug dieser Autor die reizbare Schwäche des Nervensystems angesehen hat, ist jetzt beiläufig ein Dritteljahrhundert alt. Auf der Abszisse dieses Zeitraumes hat der Erfolg des Beardschen Krankheitsbegriffes eine merkwürdige Kurve beschrieben: ein erstaunlich rasches Ansteigen zur allgemeinen Anerkennung in den achtziger Jahren, und, in den heutigen Tagen, ein fast ebenso schnelles Sinken der Sicherheit seiner Bewertung, wenigstens so weit die Beurteilung durch die am intensivsten sich mit ihm beschäftigenden Fachkreise in Betracht fällt.

Die Komponenten des schnellen Anfangserfolges heute noch einzeln klarzulegen, dürfte schon jetzt keine leichte Aufgabe mehr sein. Es ist ja außer Zweifel, daß die Anomalien, die Beard unter seinem Terminus zusammenfaßte, lange vorher — eigentlich wohl von jeher — bestanden haben. Auch können sie dem Scharfblicke früherer Ärzte nicht völlig entgangen sein. Schon der Groll, der heute noch durch die Schriften älterer Autoren durchtönt, wenn sie auf den beispiellosen Siegeslauf der amerikanischen Namengebung zu sprechen kommen, ist ein kleines document humain dieser letzteren Tatsache; objektive Belege dafür sind einzelne noch jetzt lesenswerte Aufsätze aus der Vor-Beardschen Zeit; und schließlich zeugen dafür die zum Teil noch heute gelegentlich zitierten Synonyma (wie z. B. der Nervosisme Bouchuts, die états nerveux Sandras' u. a.), die der Terminus Neurasthenie verdrängt hat. Daß Charcot in der französischen, Möbius in der deutschen neurologischen Literatur dem Beardschen Krankheitsnamen und -begriff durch die Wucht ihrer Autorität zur Geltung verholfen haben, mag wohl richtig, kann aber nicht die einzige Erklärung ihrer raschen allgemeinen Verbreitung sein; und übrigens: wenn selbst diese Skeptiker dem Reiz der neuen Krankheitskonzeption und Terminologie nicht widerstanden haben, so liegt darin ein neuer Beweis für die suggestive Macht, die von den Arbeiten des Amerikaners ausgegangen ist. Warum also war nicht nur die gesamte medizinische, sondern die ganze zivilisierte Welt für den neuen Begriff empfänglich? Nicht eine Behauptung, nur eine Frage zu diesem medizinisch-geschichtlichen Problem will ich mir erlauben: War es nicht eine Kontrastwirkung des mächtigen, die letzten Dezennien erfüllenden Dranges zur individualistischen Entwicklung, wenn die Asthenie des Nervensystems als das primärste Hemmnis der Entfaltung zur kraftvollen Persönlichkeit einem besonders bereiten Verständnis begegnete?

Weniger schwierig ist es, die Ursachen nachzuweisen, welche die wissenschaftliche Bewertung des ursprünglichen Neurastheniebegriffes allmählich und besonders hochgradig in letzter Zeit verändert haben.

Die Aussichtslosigkeit pathologisch-anatomischer Erklärung

Die funktionellen Neurosen im allgemeinen und so auch die Neurasthenie sind anatomisch nicht verankert. Sie konnten deshalb nicht durch die Fortschritte der bisherigen Hirnphysiologie verständlicher gemacht werden. Als zwar die starre Lokalisationslehre in den Flechsigschen Assoziationszentren ihre letzten Folgerungen erlebte und ungefähr gleichzeitig die feineren zellular-morphologischen Veränderungen an Ganglienzellen durch Nissl entdeckt — und insbesondere auch, als in letzter Zeit noch durch Alzheimer Abbauzwischenstufen in Cortexzellen psychisch Kranker nachgewiesen wurden, da mag man da und dort den Gedanken gehegt haben, daß auch die Neurosen — und warum nicht auch ihr Übergang zur Norm in Gestalt der leichten Neurasthenien? — sich unter das Joch der pathologisch-anatomischen Interpretation zwingen lassen. Die landläufige Definition der funktionellen Neurosen, als der Nervenkrankheiten, deren anatomisches Substrat wir mit den bisherigen Mitteln noch nicht erkennen können, drückt ja implicite die Hoffnung aus, daß einer verfeinerten Technik dies einst restlos gelingen könnte. Inzwischen hat aber die Lokalisationslehre selbst es sich gefallen lassen müssen, daß an manchen ihrer pathologischen Hauptstützen gerüttelt wird. Der Herd als Zerstörung von „Zentren“ oder als Leitungsunterbrechung genügt längst nicht mehr allein zur Erklärung der „organisch“ bedingten Symptome. Bezeichnenderweise sind es gerade führende Anatomen, die heute die Neurologie durch physiopathologische Prinzipien bereichern: durch die Lehre von der Diaschisis, durch die Theorie vom Aufbrauch. Gesetzt übrigens den Fall, es möge den Fortschritten der Mikrotechnik gelingen, bei allen Neurosen die für jede charakteristische morphologische Veränderungen des Nervengewebes nachzuweisen — sind damit die Symptome der Neurosen erklärt? Keineswegs: denn der Grad der morphologischen Abweichung von der Norm braucht durchaus nicht parallel dem Grade der Leistungsstörung zu laufen.

Die Neurasthenie ist anatomisch nicht verankert und wird es vermutlich auch nie sein.

Die Einwirkung der psychologischen Fragestellung

Um so reicher war in diesen dreißig Jahren der Ausbau ihrer Phänomenologie. Da konnte es denn nicht fehlen, daß die psychologische Betrachtung der unter dem Namen zusammengefaßten Zustände zusehends an Ausdehnung und Vertiefung gewann. Fielen doch in dieselben Jahrzehnte die großen Fortschritte der Psychologie, die — um nur an die bekanntesten Dinge zu erinnern — sich an die Werke der Wundtschen Schule in Deutschland, an die Forschungen Janets in Frankreich und an das Interesse anschlossen, das zufolge der Breuer und Freudschen Studien dem Unbewußtsein zugewendet wurde. Die durch alle diese Ereignisse geförderte psychopathologische Fragestellung ist es, die hauptsächlich am alten Neurastheniebegriff gerüttelt hat.

Heute besteht nur noch in einem Punkte Einhelligkeit in der Frage nach Begrenzung und Wesen der Neurasthenie, darin nämlich, daß, von den häufigen Fällen abgesehen, in denen der euphonische Name eine ernstere Diagnose verdecken, wo er also eine fromme Lüge bedeuten soll, die Neurasthenie zu oft diagnostiziert wird. Die Gründe dieser Ablehnung sind zwar für die einzelnen Beurteiler in verschiedener Weise abgestuft. Wenn nun aber auch mindestens jeder Nervenarzt heute hierüber sein ihm eigentümliches Credo bekennen mag, so sind doch einige Gruppen in der Vielheit der Meinungen zu unterscheiden.

Die Gruppen der heutigen Auffassungen

Zunächst wird die völlige Verneinung der Neurasthenie von Zeit zu Zeit besonders von psychiatrischer Seite, und dann meist mit viel Temperament*), pro-

*) „Die Neurasthenie ist das Faulheitspolster der Diagnostik" — so oder ähnlich lautet, wenn ich nicht irre, einer der prägnanten Aussprüche Riegers.

klamiert. Am meisten Beachtung hat wohl seinerzeit in dieser Richtung die Auffassung Jollys erfahren, wonach der Begriff der Neurasthenie völlig aufzuteilen sei in den der Hysterie und den der Hypochondrie. Allein die letztere gilt der heutigen Psychopathologie schon selbst als obsoleter Begriff — ob mit Recht, sei dahingestellt — und was die Hysterie betrifft, so ist gegenwärtig wohl die ungeeignetste Zeit, um diese Affektion als in allen Teilen anerkannt feststehende Basis sich auszuwählen, von der aus schwankende Krankheitsbilder festgehalten werden könnten.

Das Gegenstück dieser, die Konzeptionen der Neurasthenie radikal negierenden Gruppe ist diejenige, die den alten Beardschen Begriff, wenn auch nicht uneingeschränkt, beibehält, die also Zwangsneurosen und Angstneurosen in ihn inbegriffen wissen will, nur etwa gegen die Unklarheiten der Hystero-Neurasthenie Front macht, und durch gewisse Einteilungen und entsprechende neue Zusatznamen die Übersicht zu erleichtern versucht. Einteilungsprinzip ist dabei meistens die Heredität. Schon früh haben die Autoren von Nervosität als einer akquirierten, von Neurasthenie als einer konstitutionellen Affektion gesprochen. Charcot nannte echte Neurasthenie, was auf hereditär vorbereitetem Boden entstehe. Unter den modernen Forschern sei Cramer zitiert, der im Gegenteil als Neurasthenie nur die „exogene“ Nervosität bezeichnet, welcher ein nicht prädisponiertes Nervensystem verfallen könne. Die „endogene“ Nervosität dagegen erwachse auf dem Boden eines von Hause aus viel vulnerableren Nervensystems. „Der endogen nervöse Neurastheniker“ Cramers „ist ein Mensch, der ex ovo dazu bestimmt ist, bei einwirkenden exogenen Ursachen, seien sie schwerer oder leichter Natur, mit Nervosität zu reagieren“. Auf die Schwierigkeiten, das Moment der degenerativen Veranlagung mit derjenigen Schärfe zu erkennen, die uns erlauben würde, daraus ein Einteilungskriterium zu schaffen, sei vorderhand nur hingewiesen; wir werden uns weiter unten des näheren damit zu beschäftigen haben. — Andere Einteilungen der Neurasthenie sind die bekannten, schon von Beard und Rockwell vorgeschlagenen, nach Funktionsterritorien — die zerebrale, die spinale, die vasomotorische, die digestive, die sexuelle Neurasthenie. Sie genügen der heutigen Auffassung insofern nicht, als sie einen lokalisatorischen Zwang prätendieren bei einer Anomalie, die das ganze Nervensystem, wenn auch nicht notwendigerweise überall gleichmäßig, ergriffen hat, und bei der die klinischen Äußerungen höchstens für eine oberflächliche Betrachtung sich nur auf ein bestimmtes Funktionsterritorium zu beschränken scheinen. Ansätze zu einer engeren ätiologischen Einteilung der Neurasthenie begegnet man neuerdings in der französischen Literatur öfters.

Ausdrücke wie Schilddrüsenneurasthenie u. dgl. dürften jedoch m. E. zurzeit noch mindestens verfrüht sein, solange wir nicht präzisere Kenntnisse z. B. über die Funktionen der Thyreoidea, ihre Korrelationen zu den anderen Drüsen der inneren Sekretion und — dann erst — ihre Beziehungen zum Nervensystem (und zu welchen Teilen desselben?) besitzen.

Eine dritte Gruppe von Autoren kreist den Beard-schen Begriff der Neurasthenie enger ein durch Abspaltung besonderer selbständiger Krankheitsbilder. In diesem Sinne arbeiten mit gleich dankenswerter Absicht, aber nicht mit gleich großem Erfolge alle Forscher, die zunächst das Wesen der Hysterie und der Dementia praecox und anderer Nachbargebiete so scharf zu präzisieren suchen, daß ihre Verwechslungen mit der Neurasthenie immer seltener werden sollten. Wir werden weiter unten Gelegenheit haben, diese Gedankengänge des näheren zu verfolgen.

In energischer Weise ist Freud mit der Abspaltung eines Krankheitsbegriffes von der Neurasthenie vorgegangen, als er die Angstneurose von der eigentlichen Neurasthenie abtrennte. Die gleiche Idee vertreten andere Autoren, die sich indes z. T. dagegen verwahren, seine theoretischen Grundlagen auch nur teilweise oder gar vollständig anzuerkennen. So begegnen wir in der deutschen Literatur der „Psychasthenia angiophrenica“ und der „Angstneurose sui generis“, in der französischen der „angoisse paroxystique" der „nevrose d'angoisse". Ähnlicherweise hat man die Zwangsneurose als besonderes Krankheitsbild abgesondert. Schwierig scheint bei all diesen Versuchen die scharfe Abgrenzung. So kommt es denn, daß, was der eine noch eine eigentliche Neurasthenie heißen würde, ein anderer der Angstneurose zurechnet. Bezeichnend hierfür ist die Aufstellung, die Steckel, ein Schüler Freuds, veröffentlicht hat. Nach seiner Schätzung kommen auf 80 Fälle der Affektion, die er Angstneurose nennt, etwa 19 Fälle derjenigen, die er als Angsthysterie bezeichnet und höchstens 1 Fall von echter Neurasthenie. In solchen Zahlenverhältnissen sehen wohl vorderhand nur wenige Beobachter die genannten Gruppen gegenübergestellt.

Schließlich sind eine Anzahl Stimmen dafür erhoben worden, daß die Neurasthenie keine Krankheitsentität, sondern daß sie und die übrigen verwandten Neurosen nur Syndrome, Ausdruck von konstitutionellen Zuständen mit dem Charakteristikum der primären, immer vorhandenen und präponderanten psychischen Anomalie seien. Den schärfsten Ausdruck hat wohl diese Auffassung in einem Aufsatze Zbindens — eines Schülers Dubois' — gefunden, der proklamiert: „il n'y a ni hystérie ni neurasthénie, il n'y a que les symptomes nerveux". So weit geht selbst sein Lehrer nicht, der ja freilich in der ganzen

Folge seiner mit ungemein viel Wärme geschriebenen Abhandlungen und durch Wiederaufnahme des Griesingerschen Ausdrucks „Psychonevrosen“ das Übergewicht der psychischen Alterationen im Bilde auch aller Neurasthenien auf das entschiedenste betont hat. Die von Janet inaugurierte und von Raymond auf das lebhafteste sekundierte Idee, wonach unter Psychasthenien oder psychasthenischen Zuständen alles das zusammenzufassen wäre, was ein schweres Vorwiegen seelischer Erscheinungen erkennen läßt, während unter den Begriff der echten Neurasthenie nur die akquirierten allgemeinen Ermüdungszustände zu subsummieren wären, erfreut sich in der französischen Neurologie weiter Verbreitung. Ebenfalls für eine Auflösung des früheren Neurastheniebegriffes in eine allgemeine Gruppe der asthenischen Neurosen und dann deren Einteilung im oben besprochenen Sinne in akquirierte und auf prädisponiertem Boden entstandene asthenische Zustände tritt Bing in einer Arbeit ein, die den Anschluß zwischen dieser vierten und der oben umrissenen zweiten Ansichtengruppe vermittelt.

Unter den Veränderungen in der Auffassung der Neurasthenie seit Beard ist also der heutige Nachdruck auf dem psychischen Momente weitaus der wichtigste. Nicht nur ist die Phänomenologie ganz besonders in dieser Richtung ausgebaut worden — man denke nur beispielsweise an die vielen Phobien, die als zur Neurasthenie gehörig beschrieben worden sind —, sondern es wird von nicht wenigen und nicht von den unkritischsten Neurologen auch der ätiologische Schwerpunkt heute in der abnormen psychischen Verfassung des Neurasthenikers gesucht.

Auch die psychologische Betrachtungsweise muß eine Grundlage haben. Sie ist in der Neuronphysiologie zu suchen.

Aber es liegt auf der Hand, daß diese Ansichten, um nicht in einer unklaren, spiritualistischen Richtung sich zu verflüchtigen und den realen Boden des naturwissenschaftlichen Kausalbedürfnisses unter sich zu verlieren, auf die Länge nicht ohne den innigsten Kontakt mit der Physiologie des Nervensystems sich werden entwickeln können. Gegen diese Notwendigkeit kann nur der remonstrieren, für den die Seele immer noch — oder wieder — etwas zu sein scheint, was transcortical, womöglich extracraniell wohnt. Bezeichnenderweise postulieren die jüngsten Vertreter einer modernen psychopathologischen Richtung in der Psychiatrie, die gegen den krassen Materialismus der bisherigen anatomischen Richtung predigen, als Grundlage für die von ihnen studierten psychischen Erkrankungen vermutungsweise die Einwirkung von Toxinen — worauf? doch wohl auf das Gehirn. Schließlich wird eben jeder Arzt heute so weit Naturforscher sein, um zuzugeben, daß das Gehirn das Substrat der höheren psychischen Leistungen ist, daß also von einem physischen Zustand diese abhängen. Das Gehirn aber besteht aus Nervenzellen, die wir so lange als Neurone bezeichnen, bis die Lehre von einer anderen funktionellen Einheit uns von der Unhaltbarkeit dieses Begriffes überzeugt hat. Gehirnfunktion ist also Funktion von Neuronen, Störung der Gehirnfunktion Störung der Funktion von Neuronen. Es ist nicht überflüssig, darauf hinzuweisen, daß also auch die so sehr betonten psychischen Störungen der Neurasthenie in letzter Linie Funktionsstörungen von Neuronen sind. Denn hat nicht Dubois in seinem Referat 1907 über die Pathogenie der neurasthenischen Zustände ausdrückliches Auseinanderhalten der „constitution physique“ und der „constitution mentale“ verlangt? „Je dois signaler deux inconvéniants de ce mot de neurasthénie: il fait supposer que ce sont les nerfs qui ne sont pas à la hauteur de leur tâche comme s'il s'agissait uniquement d'une altération physicochimique encore inconnue des éléments nerveux. Cette conception s'est imparée de l'esprit des médecins, elle a cours dans le public et elle a fait oublier les influences psychologiques, le rôle considérable que joue l'esprit dans la genèse de ces états.“ Dem Vorwurfe Dubois', den er mit diesen Worten Beards Bezeichnung macht, und der auf den ersten Blick mit seiner ausgeprägt dualistischen Färbung die Mehrzahl der ärztlichen Leser befremden wird — liegt indes eine berechtigte Klage zugrunde.

Der Anschluß zwischen Physiologie des Nervensystems und Psychologie ist ja in der Tat noch bedauerlich mangelhaft, zum Teil wohl, weil, was in der ersteren gut fundiert erscheint, größtenteils an peripheren Nerven studiert worden ist, und das, was an Nerven konstatiert ist, sich nicht ohne weiteres auch auf das Gehirn übertragen läßt. Die Physiologie des Zentralnervensystems aber hat bis jetzt sich in der Hauptsache — wenn von den zu wenig bekannten Studien Sherringtons über die Rückenmarksfunktionen abgesehen wird — auf eine rein lokalisatorische Fragestellung beschränkt. Mit dieser aber ist für die Neurasthenie nichts gewonnen. In das Wesen der Neurosen überhaupt und der Neurasthenie im besonderen einzudringen, ist doch wohl erst dann möglich, wenn wir mit der Analyse der Neuronphysiologie beginnen — der Physiologie also der zellularen Einheit, nicht des grob anatomischen Begriffes der „Nerven", und wenn wir dann imstande sind, aus diesen Ergebnissen heraus zunächst die komplizierteren Reflexvorgänge und später den Mechanismus der höher differenzierten „psychischen" Mechanismen zu verstehen.

Bisherige Versuche in dieser Richtung

Nicht daß Versuche der neuronphysiologischen Erklärung der Neurasthenie nicht schon längst und nicht schon zu verschiedenen Malen gemacht worden wären. Die alte Beardsche Definition der Neurasthenie als einer reizbaren Schwäche ist die erste dynamische Definition gewesen und bis jetzt wohl die beste geblieben. Beard freilich hat dabei wohl die reizbare Schwäche des Nervensystems im ganzen, nicht des einzelnen Elements, mindestens nicht im heutigen Sinne, vor Augen gehabt. Aber er stellte damit das von ihm benannte Krankheitsbild auf eine physiologische und offenbar allgemein verständliche Basis. Dies ist ein Verdienst, das wir trotz aller seitherigen Fortschritte in der psychopathologischen Erforschung der in Frage stehenden Zustände nicht vergessen sollen, zumal da auch die heutige Auffassung von der Einheit des Nervensystems mit der Beardschen Definition sehr wohl in Einklang zu bringen ist.

In der Folge sind zur Erklärung dieser „reizbaren Schwäche" von verschiedenen Autoren allgemeine Hypothesen jenseits der physiologischen Tatsachenreihen zitiert worden. Schon Beard selbst definierte alles, was funktionell ist, als den Ausdruck eines Minus an Quantität und Qualität der Zusammensetzung. Rockwell verglich das neurasthenische Nervensystem mit einer Batterie mit kleinen Elementen von geringer potentieller Kraft und kleinem inneren Widerstand — ein Vergleich, der anschaulich genannt werden kann, der aber, wie alle Vergleiche, das Wesen des zu Erklärenden nicht erschöpft. Später wurde von „Ernährungsstörungen" des Neurons, von „molekularen Gleichgewichtsanomalien" gesprochen — Annahmen, gegen die sich nicht viel einwenden, mit denen sich aber noch weniger anfangen läßt. Hierher dürfte auch der Versuch gerechnet werden, den Cramer unternommen hat, die Biogenmolekülhypothese Verworns als Grundlage der Erklärung der Neurosenzustände vorzuschlagen. Möglich, daß diese Theorie einmal befruchtend wirken wird, auch für die Erklärung neurotischer Anomalien.

Engere Einkreisung der Fragestellung

Vorderhand aber dürfte die zunächstliegende Aufgabe sein, in den Äußerungen der Neurosen, so auch der Neurasthenie, Phänomene zu erkennen, welche die pathologischen Korrelate von Geschehnissen der normalen Physiologie des Neurones sind. Dieser Anschluß zwischen Neuropathologie und Neurophysiologie ist noch nicht nachdrücklich genug in der Weise versucht, die für beide Teile doch nur ersprießlich werden könnte. Für beide Teile — denn es scheint mir außer Zweifel, daß auch die physiologische Fragestellung nur gewinnen kann, wenn sie von den Tatsachen der Pathologie des Nervensystems, und zwar nicht nur von den organischen Nervenkrankheiten, ausgiebigsten Gebrauch machen wird.

Hier ist es nun interessant, feststellen zu können, daß einzelne zielbewußte Anfänge zur physiopathologischen Untersuchung der Neurasthenie schon früh gemacht worden sind. So hat Arndt sich bemüht, das elektrische Zuckungsgesetz als Kriterium für die Beurteilung von Erschöpfungszuständen der Nerven anzuwenden. Auch müssen hier die vielzitierten Experimente genannt werden, die Anjel an Neurasthenischen vorgenommen hat, wonach die pletysmographischen Wellen nach psychischer Reizung sich bei solchen Individuen langsamer ausgleichen sollen als bei normalen. Einen glücklichen Hinweis auf einen Kernpunkt des Neurastheniesproblems verdanken wir Kassowitz, der auf die zwei verschiedenen, bei gleichmäßiger Reizfolge nachweisbaren Untererregbarkeiten der Nerven hinwies, zwischen denen die optimale Reizbarkeit liegt — eine durch Tatsachen reichlich belegte Anschauung, auf die wir unten des näheren werden zurückkommen müssen.

Goldscheiders Lehre von der Neuronschwelle

Das Verdienst, am kräftigsten und mit einem guten — m. E. nicht genügend gewürdigten — Erfolg die Frage nach der physiologischen Grundlage der neurotischen Phänomene angegriffen zu haben, kommt Goldscheider zu. In seinem Aufsatze über die Bedeutung der Reize für die Pathologie und Therapie im Licht der Neurontheorie leitet er, vom Fechnerschen allgemeinen Begriff der Reizschwelle ausgehend, den besonderen der Neuronschwelle ab. Er geht dabei von der Prämisse aus, daß das Neuron als anatomische, trophische und funktionelle Einheit des Nervensystems eine erwiesene Tatsache sei. Wenn auch in den zehn Jahren seit dem Erscheinen der Goldscheiderschen Essays der Neuronbegriff zufolge der Untersuchungen von Bethe, Apathy u. a. vielfach aufgegeben worden war, so bricht doch jetzt wieder, und zwar auf Grund der heterogensten Forschungsergebnisse die Überzeugung sich Bahn, daß die frühere Auffassung des Neurones zum mindesten als funktionelle Einheit gerechtfertigt ist. Wir können deshalb die Goldscheidersche Arbeit heute wieder mit demselben Recht — wenn auch von etwas modifiziertem Standpunkte aus — zu Rate ziehen, wie zur Zeit, da sie eben erschienen war. Wenn das Nervensystem, so argumentiert Goldscheider, aus einer Kette von Neuronen besteht, so kann die Fortpflanzung der Erregung von einem Glied dieser Kette auf das nächste nur so gedacht werden, daß dieses letztere erregt wird, sobald der Erregungsvorgang in dem ersteren einen gewissen Grad erreicht hat. Diesen Wert bezeichnet der Autor als Neuronschwelle. Wenn bei geringer eigener Intensität oder bei Einwirkung von die Neuronschwelle herabsetzenden Momenten sich ein Reiz über einen großen Teil des Nervensystems ausbreiten kann, so geschieht dies, weil normale Widerstände besonders tief gesunken sind. In der Hauptsache sind solche in der Reihe der diskontinuierlich angeordneten Elemente, aus denen das ganze Nervensystem zusammengesetzt ist, im Übertritt der Erregung von Neuron zu Neuron zu suchen; dorthin ist auch der größte Zeitverlust für die Weiterleitung von Reizen zu lokalisieren. Das Verhältnis der Reize zur Schwelle denkt sich Goldscheider wie folgt: sehr geringe Erregungen laufen im erregten Neuron ab, ohne in das Kontaktneuron überzutreten. Sie bringen, worauf die Tatsachen der Summation hinweisen, innere, molekulare Veränderungen des Neurones hervor, welche so beschaffen sind, daß eine folgende Erregung wirksamer wird, als sie ohne jene voraufgegangene Erregung gewesen wäre: die schwache Erregung bahnt das Neuron. Bei einer gewissen Steigerung des Erregungsreizes geht die Erregung auf das Kontaktneuron über, aber zunächst auch nur so, daß der Schwellwert in diesem erniedrigt, dasselbe gebahnt wird, ohne daß es zu einem merklichen Erfolge kommt. Erst bei einer höheren Steigerung des Reizes tritt die Erregung in solcher Intensität auf das Kontaktneuron über, daß dasselbe in merklicher Weise erregt wird, d. h.. daß ein äußerer Erfolg sich zeigt. Nach diesem Schema teilt Goldscheider die Reize in unterschwellige, Schwellwertserregungen und Erfolgserregungen ein. Die Schwellwerte der Neurone sind verschieden und durch Übung (Ausschleifen der Bahnen) zu erniedrigen. Stärkere Reize wirken zeitverkürzend, sie verändern die Latenzzeit beim Übertritt von Neuron zu Neuron. Da jeder einzelne Punkt mit allen übrigen Punkten des Nervensystems in direkter oder indirekter Verbindung steht, so argumentiert der Autor weiter, verbreitet sich jeder Reiz in derjenigen Richtung und so weit, als ihn die Niedrigkeit der Schwelle in den Nachbarneuronen einlädt. Beständig ist das Nervensystem von Erregungen durchlaufen. Lange nicht alle kommen uns zum Bewußtsein. Von dieser allgemeinen Erregung wird derjenige Teil des Nervensystems anormal stark betroffen, dessen Neurone eine zu tiefe, derjenige anormal gering betroffen, dessen Neurone eine zu hohe Reizschwelle haben. Solche Zustände nennt Goldscheider Gleichgewichtsstörungen des Nervensystems. „Besteht eine allgemeine Steigerung der Erregbarkeit wie bei der Neurasthenie, so wird ein Reiz weithin fortgeleitet und erstreckt seine Wirkungen auf weit entfernte und viele Provinzen des Körpers.“ „Die Symptome der Neurasthenie lassen sich zum großen Teil auf eine Alteration der Neuronschwellen zurückführen, und zwar auf eine Verfeinerung derselben: Hyperästhesie. Die Erniedrigung der Neuronschwelle führt zu einer gesteigerten Inanspruchnahme der Funktion, zur Überfunktion. Die Zelle tritt häufiger und intensiver in Tätigkeit. Je größer die Latenzbreite des Reizes, destc mehr fällt für die Erhaltung der Konstitution der Zelle ab, denn die unter der Schwelle verlaufenden Erregungen dienen zur Kräftigung und Belebung der

Nervenzellen. Somit führt die Vertiefung der Neuronschwelle außer zur Hyperästhesie auch zu gesteigerter Erschöpfbarkeit: die Zelle gibt sich schneller aus.“ „Die Aufmerksamkeit erniedrigt die Neuronschwellen und führt zu Hyperästhesie — diese umgekehrt beansprucht die Aufmerksamkeit. Auf dieser doppelten Beziehung beruht es, daß bei bestehender Hyperästhesie die Gemütssphäre in so hohem Grade mitleidet.“

Zweifellos bedeutet Goldscheiders Schrift einen bemerkenswerten Beitrag zur Physiopathologie der Neurasthenie. Allein sie behandelt diese Frage nur als einen Teil ihrer ganzen Aufgabe, die sich auch auf andere Fragestellungen — den Einfluß der Reize auf die Degeneration und die therapeutische Verwendung der Reize im allgemeinen ausdehnt.

Es ist deshalb verständlich, daß es außerhalb ihres Rahmens lag, das Neurasthenieproblem zu erschöpfen. So läßt denn die Goldscheidersche Lehre von der Neuronschwelle, so anregend sie ist, aus mehr als einem Grunde noch eine Menge kapitaler Fragen offen, die uns auch interessieren müssen, wenn wir versuchen, den Begriff der Neurasthenie physiopathologisch zu fixieren. Erstens bemerkt Goldscheider ausdrücklich, daß er den Begriff der Neuronschwelle nur für eine bestimmte Art der Erregung, nämlich für diejenige vom Kontaktneuron her gelten lassen will. Eine ausführliche Betrachtung der neurasthenischen Reizbarkeit darf aber meines Erachtens die Schwellwertverhältnisse für die übrigen Reize, denen das Neuron ausgesetzt ist, keineswegs von der Betrachtung ausschließen, am wenigsten die so ungemein wichtigen chemischen Beeinflussungen, die insbesondere das Blut als Vermittler der weiteren und engeren Außenwelt dem Nervensystem zuführt. Ferner liegt es in der Zielrichtung der Goldscheiderschen Arbeit, daß sie die erste Hälfte des Neurastheniebegriffes nach Beard, die Reizbarkeit, in besonderem Maße berücksichtigt, und darüber die zweite, die Schwäche der Reaktion, zwar nicht völlig vernachlässigt, aber doch nicht in gleichem Verhältnis berücksichtigen kann. Am wenigsten Zustimmung dürfte heute Goldscheiders Erklärung der psychischen Depression der Neurastheniker aus der Hyperästhesie für Sinneseindrücke allein erfahren. Gewiß spielt dieser Konnex in einem Teil der Fälle eine nicht zu unterschätzende Rolle — es sind diejenigen mit deutlich hypochondrischem Einschlag. Aber wie viele andere Fälle als Ganzes und wie viele einzelne psychische Symptome bleiben nicht bei dieser Erklärung noch unerledigt!

Die Variabilität der Neuronschwelle Goldscheiders ist naturgemäß nur eine Äußerung, nur ein Stigma einer Veränderung des Neurongesamtzustandes. Und dieser als Gesamtheit ist es, was eine physiopathologische Kritik des Neurastheniebegriffes wohl zum zentralen Gegenstand der Betrachtung wählen muß.

Der Tonus des Neurones

Zu seiner Bezeichnung leihen uns Analogien aus der Physiologie den Ausdruck Tonus des Neurones. Darunter ist zu verstehen: die Resultante aus den strukturellen Dauereigentümlichkeiten des Neurones und aus den zeitlich beschränkten Komponenten der Wirkung aller Reize, die das Neuron treffen. Es soll hier daran erinnert werden, daß Mott in einigen vorzüglichen Aufsätzen die Richtungslinien für eine von solchen Betrachtungen ausgehende allgemeine Einteilung sämtlicher Nervenkrankheiten gegeben hat.

Seine strukturellen Komponenten

Was zunächst die Grundlage des Tonus des einzelnen Neurones betrifft, die auf den strukturellen Eigentümlichkeiten der Nervenelemente basiert, so ist mit einer Besprechung dieser Dinge die Frage nach der Heredität angeschnitten. Es sei indes auch hier einstweilen nur hervorgehoben, daß man bei eingehender Betrachtung der Literatur und bei ebensolcher Würdigung der Tatsachen sich des Eindrucks nicht erwehren kann, daß das hereditäre — physiologisch gesprochen das präformiert-strukturelle — Moment im ganzen entschieden in einem ungerechtfertigt pessimistischen Sinne überschätzt wird. Ferner gehören in die Kategorie der strukturellen Dauerkomponenten des Neurotonus die Veränderungen, die die Nervenzelle in der infantilen Entwicklung, in der funktionellen Blütezeit und in der senilen Involution durchmacht. Ihre detaillierte Morphologie, der Grad ihrer Abhängigkeit von Veränderungen der Ernährung als einer primären Ursache und, schließlich und besonders, ihre Bedeutung für die Neuronfunktion sind noch mehr oder weniger unerkannt. Wir können sie deshalb im Kreise dieser Betrachtung nicht eingehender als durch ihre Erwähnung berücksichtigen.

Seine Reizkomponenten

Hier kommt es hauptsächlich darauf an, die variablen Komponenten des Tonus der Nervenelemente ins Auge zu fassen, als deren Ursache wir die Reize ansprechen müssen, welche das Neuron treffen — seine Reizkomponenten.

Reize, von deren Vorhandensein, Quantität, Qualität und zeitlicher Verteilung der Tonus eines jeden Neurones in höchstem Grade abhängig ist, treffen es in Form der chemischen Beeinflussung durch die Bestandteile des Blutes. Sie bedingen die chemotonische Komponente, den Chemotonus des Neurones. Reize, von deren Vorhandensein, Quantität und Dauer die Erregbarkeit aller Neurone wohl in gleichem Maße abhängt, sind die der Feuchtigkeit und Wärme — sie bedingen den Hydro- und Thermotonus des Neurones; Reize, denen die Neurone in ungleichem Maße ausgesetzt sind, werden durch mechanische Beeinflussung ihm zugeführt — mechanotonische Komponente

— andere, über deren Verteilung wir nur Vermutungen hegen können, sind die Grundlage des Elektrotonus und des Phototonus der Nervenelemente, von weiteren gänzlich hypothetischen zu schweigen. Die Zugänglichkeit der Neurone für alle diese Reize ist innerhalb gewisser Grenzen gehalten, durch die mannigfachen Schutzvorrichtungen, mit denen die Nervengebilde umgeben sind und die in letzter Linie im allgemeinen den Gesetzen über die Vorgänge an Membranen mit mehr oder weniger stabiler Durchlässigkeit zurückgeführt werden können.

Die hauptsächlichste Komponente des Tonus des einzelnen Neurones stammt für afferente Protoneurone vom Reize aus dem Sinnesapparate (die sensorielle Tonuskomponente), für alle anderen Neurone aber vom Reize aus den Kontaktneuronen her. Ich nenne sie die neurotonische Komponente oder kürzer den Neuronotonus. Für jedes Neuron ist das Nachbarneuron Außenwelt. Von ihm kann es Reize empfangen. Was für Membranvorgänge speziell dieses Geschehnis verhindern, zulassen und begünstigen können, sei vorderhand dahingestellt. Je nach ihrer Stärke haben auch diese Reize eine verschiedene Wirkung: sind sie unterschwellig, eine rein tonisierende, sind sie überschwellig, eine alterative, d. h. eine, die das gereizte Neuron zur Arbeitsabgabe in das nächste Empfangsgebilde — Neuron oder Endorgan — veranlaßt. Hier treffen sich unsere Ansichten mit einem Teil der oben wiedergegebenen Anschauungen Goldscheiders über die Neuronschwelle. Auch sei an dieser Stelle hervorgehoben, daß auf den Unterschied zwischen unterschwelliger und überschwelliger, d. h. tonisierender und alterativer Innervation kürzlich Tschermak aufmerksam gemacht hat, freilich nur mit Bezug auf die Beeinflussung von Endorganen.

Die Variationen der Tonuskomponenten: der zeitliche Ablauf

Während nun die Dauereigentümlichkeiten der Struktur des Neurones höchstens in langen Wellen von geringer Amplitude schwanken — die infantile, die erwachsene, die senile Struktur — wechseln die Reizkomponenten des Tonus der einzelnen Neurone in ununterbrochen vibrierender Folge. Ihr Zufluß zum einzelnen Nervenelement ist für jede Komponente quantitativ und qualitativ variabel. Die Wirksamkeit des einzelnen Reizes für den Tonus des gleichen Neurones muß deshalb je nach der Konstellation der anderen Reize eine variable sein. Da nun die vielen Millionen verschiedener Neurone zu gleicher Zeit von den verschiedenen Reizen in verschiedener Intensität getroffen werden, resultiert daraus, daß der Gesamttonus in den verschiedenen Neuronen zu gleicher Zeit in verschiedener Weise sich ändert. In der Komplexität dieser Änderungen sind aber doch gewisse Gruppierungen nach Gesetzen eines „normalen“ zeitlichen Ablaufes zu erkennen. Sie finden ihre Äußerung, in periodischen Schwankungen, in den Geschehnissen des normalen Nervenlebens: mit zwangsläufiger Regelmäßigkeit nähert sich, um das nächstliegende Beispiel zu nennen, die neuronotonische Komponente, die die höchstdifferenzierten Neurone unter sich und die tieferen Instanzen von diesen erhalten — man kann sie kurz zusammenfassend den Psychotonus nennen — jeden Tag normalerweise dem Nullpunkt, wenn „der Schlaf die Glieder löset".

Die drei Stufen des Neurontonus

Noch eine andere Einheit läßt sich aus der Vielheit der Tonusvariationen herausschälen: die drei Stufen, die in naheliegender Analogie bezeichnet werden können als der Hypotonus, das Optimum und der Hypertonus des Neurones. Mit Absicht wähle ich für den mittleren Zustand den Ausdruck, den uns oben die „Biologie" Kassowitz' geliehen hat: das Optimum ist der Erregbarkeitsgrad, in den ein hypotonischer Nerv bei gleichmäßiger Folge gleicher Reize nach einer gewissen Zeit gelangt und den er unter Fortsetzung der Reize ceteris paribus wieder verliert.

Die Äußerungen der Tonushöhe. Die Komponenten der Erregbarkeit

Die Tonushöhe eines Neurones äußert sich durch verschiedene Merkmale — einmal, wie eben bemerkt, durch den Grad der Reizbarkeit. Diese ist aber nicht die einzige Äußerung, wenn wir unter Reizbarkeit einer Zelle die Fähigkeit verstehen, gereizt zu werden. Ihr koordiniert sind als Unterbegriffe der Erregbarkeit — und bei Neuronen in besonders deutlichem

Maße — die Fähigkeit, den empfangenen Reiz zu leiten, ihn in sich nachwirken zu lassen und ihn weiterzugeben. Ich folge der Nomenklatur Boses, wenn ich die vier Komponenten der Erregbarkeit bezeichne als „Rezeptivität, Konduktivität, Gedächtnis und Responsivität" des Neurones. Die letztere Eigenschaft trennt auch die französische Physiologie unter der Bezeichnung des „pouvoir émissif du neurone" von den übrigen Erregbarkeitsäußerungen ab. Auf der physiologischen Verschiedenheit der Größenordnung der einzelnen Erregbarkeitskomponenten in der Unzahl der Neurone des Nervensystems ist die Variabilität des nervenphysiologischen Geschehens bis hinauf in die psychologischen Sphären in mindestens so breitem Maße begründet, als auf ihrer architektonischen Aneinandergliederung. Am wenigsten augenfällig ist die ubique Vertretung des Gedächtnisses in allen, auch in den peripheren Neuronen.

Bose gibt ein Experiment bekannt, das beweist, daß periphere optische Neurone diese Fähigkeit und zwar mit einem bestimmten beiderseitig alternierenden zeitlichen Ablauf besitzen. In einen Karton werden zwei schräge Rechtecke so geschnitzt, daß sie, durch ein Stereoskop betrachtet, ein schrägstehendes Kreuz bilden. Läßt man durch sie intensives Licht auf beide Augen fallen, schließt dann im verdunkelten Raume die Augen, so sieht man alternierend das Nachbild des einen und dann des andern Kreuzbalkens, bis schließlich beide verschwinden. Wird nun bei immer noch geschlossenen Lidern erhebliche Zeit später ein Licht in der Nähe der Versuchsperson angedreht, das die Gesichtsfelder durch die Lider hindurch rot erscheinen läßt, so treten die beiden alternierenden Nachbilder noch einmal in Erscheinung. Der diffuse Lichtreiz hat also, falls er nicht zu spät eintritt, die Erregung dem peripheren Neuron (in der Retina oder retroretinal?) noch einmal zur Erinnerung gebracht, so daß er einen früher empfangenen Reiz noch einmal zentralwärts an die Registratoren der bewußten Wahrnehmung abgeben konnte.

Nachdem übrigens Hering das Gedächtnis als allgemeine Eigenschaft der Materie plausibel gemacht hat, ist auch die Gedächtnisfähigkeit der peripheren Neurone eine gegebene Forderung.

Tonus und Erregbarkeit

Im Zustande des optimalen Tonus ist also das Neuron in der Lage, Reize so zu empfangen, sie so weiter zu leiten, sie so reproduktionsbereit in sich nachwirken zu lassen und so sie weiterzugeben, wie es für die normale Funktion dieses und der Nachbarneurone am zweckmäßigsten ist — anders das Nervenelement, das im Hypotonus oder im Hypertonus sich befindet. Ob die vier Komponenten der Erregbarkeit sich untereinander parallel verschieben, wenn der Tonus des Neurones sich verändert, ist eine andere Frage. Die Annahme einer Solidarität von rezeptiver, konduktiver, responsiver und Gedächtnisfähigkeit der Nervenelemente ist weder notwendig, noch wahrscheinlich, letzteres besonders nicht, wenn wir Analogieschlüsse aus den Befunden Boses nach Experimenten an anderen Geweben akzeptieren. Dagegen liegt es nahe, gerade für die Proteusnatur der Neurosen, für die mangelnde Stabilität ihrer Äußerungen in dieser potenzierten Variabilität der Kombinationen von ungleich gestörten Erregbarkeitskomponenten bei ungleich verteilter Tonusstörung vorläufig ein physiopathologisches Korrelat zu suchen.

Die neuronotonische Komponente

Die hauptsächlichste Komponente des Tonus des Nervenelements ist die neuronotonische, d. h. die von Reizen aus dem Kontaktneuron herstammende. Die hauptsächlichste deshalb, weil aus den Reizzuflüssen, die auf diesem Wege im Netz der Neurone sich ausbreiten, das Material sich zusammensetzt, aus dem die psychischen Leistungen entstehen und weil auf diesem Wege die Äußerungen der Seele in die Außenwelt — zunächst in die Erfolgsorgane — Kontaktneuron oder Endorgan — gelangen. Die physikalische Basis der Widerstände für die neuronotonische Beeinflussung eines einzelnen Neurones, z. B. in der Großhirnrinde, kennen wir nicht. Es ist aber nicht unnötig, hervorzuheben, daß alle Neurone, die ihm vorgelagert sind, je nach ihrem eigenen Tonus mehr oder weniger großen Durchgangswiderstand für einen Reizzufluß zu jenem Neuron leisten. Alle vorgelagerten Neurone spielen also dem einen Neuron gegenüber die Rolle von Membranen mit variabler Permeabilität. Die Variabilität dieser Durchlässigkeit unterliegt ihrerseits gewiß auch in letzter Linie physikalischen Gesetzen, deren Erkenntnis aber noch im weiten Feld der Hypothesen liegt.

Der direkte Nachweis des Neuronotonus an den Muskeln — die Physiologie nennt ihn summarisch den Neurotonus — und an Drüsen ist bekannt. Geht man seinen anatomischen Spuren nach rückwärts in das Zentralnervensystem, so verlieren sie sich in den supranucleären Teilen mehr oder weniger schnell. Da, wo sie sich nicht mehr anatomisch in Neuronkomplexen lokalisieren lassen, beginnt die Forschungssphäre desjenigen Teiles der experimentellen Psychologie, der sich mit den Ausdrucksvorgängen befaßt.

Die Ausdrucksvorgänge

Die Menge der besonders auch für die Neurosenlehre fruchtbaren Ergebnisse dieser Wissenschaft lassen sich unter der Formel zusammenfassen, daß sie die psychotonische Komponente der Zustandsveränderungen an den Ausdrucksorganen experimentell festgelegt hat. Es sei an die Pawlowschen Versuche über die psychische Beeinflussung der Digestivdrüsen, an die von Schiff, Mosso u. a. inaugurierten pletysmographischen, an die ergographischen Experimente erinnert, die alle in mehr oder weniger unmittelbar erkennbarer Weise den Einfluß der Psyche auf körperliche Funktionen demonstrieren. Kassowitz hat darauf aufmerksam gemacht, daß das in letzter Zeit nicht selten erwähnte Tarchanoffsche Experiment, welches einen Teil des von mir als psychogalvanischer Reflex bezeichneten Phänomens ausmacht, beweist, daß selbst nicht ohne weiteres bemerkbare Veränderungen an der Körperperipherie sich mit Regelmäßigkeit an psychische Vorgänge anschließen können. Vom psychogalvanischen Reflex wissen wir, daß, im Anschluß an eine Affekterregung, an der Körperoberfläche — an gewissen Stellen in bevorzugtem Maße — charakteristische Veränderungen der elektrischen Verhältnisse der Haut sich einstellen, die nur mittels eines sehr empfindlichen Galvanometers bei bestimmter Versuchsanordnung nachweisbar sind.

Die affektive Wurzel des Psychotonus

Fragen wir uns nun, welche psychischen Vorgänge als Ursache eruiert werden können, wenn wir der psychotonischen Komponente entlang in das Gebiet der Psychologie eindringen, so zeigt sich, daß man nicht nur beim psychogalvanischen Reflex, sondern bei allen diesen experimentell-psychologisch erforschten Vorgängen auf die Affektivität als auf die stets erkennbare Instanz stößt. Ich wähle diesen Sammelausdruck Bleulers, weil er besser als alle bisherigen Bezeichnungen (Gefühle, Gemütserregung, Sentiments usf.) die ganze Reihe der Vorgänge von den mit den kräftigsten Ausdrucksvorgängen begleiteten Affekten bis hinab zur bloßen Aufmerksamkeit in sich begreift.

Asthenie ist Tonusstörung

Kehren wir nach dieser präliminaren Auseinandersetzung zu unserer Fragestellung zurück, so scheint mir der Schluß gerechtfertigt, daß man den klinischen Begriff der Asthenie in den physiopathologischen der Tonusstörung übersetzen kann und daß wir damit eine Möglichkeit schaffen, allen Unterbegriffen der Schwäche (Schwäche der Rezeptivität, der Konduktivität, des Gedächtnisses und der Responsivität der Neurone) gerecht zu werden. Tonusstörung ist zu unterstreichen, und mit Hypo- oder Hypertonus nicht zu verwechseln. Von diesen in der Breite der Norm möglichen Zuständen unterscheidet sich die Tonusstörung nicht durch Art und Zahl der Äußerungen, sondern durch die Genese.

Man begegnet der Ansicht nicht selten — ihr literarischer Hauptvertreter ist Stiller — daß die Neurasthenie nur eine Teilerscheinung einer allgemeinen Asthenie sei. So sehr diese Idee, rein physiopathologisch betrachtet, für eine Anzahl von Fällen wenigstens verständlich erscheint — sie ist eine klinische Bezeichnung für die „delikaten" oder „erethischen" Naturen der früheren Autoren — so muß doch auf die große Schwierigkeit aufmerksam gemacht werden, die Größenordnung der Asthenien der verschiedenen Organe und ihre gegenseitige Beeinflussung anders zu deuten, als daß bei solchen Kranken die Asthenie des Nervensystems die wichtigste und meistens die primäre ist, aus der die anderen resultieren und beständig unterhalten bleiben. Kennen wir doch außer etwa dem Blut kein Organ, hinter dessen normaler Funktion nicht die des Nervensystems als unmittelbare conditio sine qua non stünde.

Ist besondere Form der Tonusstörung gleichbedeutend mit besonderer Form der Asthenie?

Betrachten wir aber die Asthenie der Neurone — ich vermeide mit Absicht hier noch den Terminus Neurasthenie — als die Äußerung der Tonusstörung der Neurone, so ist damit nichts gewonnen als eine physiopathologische Umschreibung aller funktionellen Neurosen. Wollten wir auf diesem Standpunkte verweilen, so hätten wir uns den Autoren anzuschließen, die keine Neurasthenie als Krankheitsentität gelten lassen wollen, sondern nur den Sammelbegriff der neurasthenischen Zustände, welcher Hysterie, Zwangs- und Angstneurosen, die alte Hypochondrie, ja Melancholien in sich begreifen müßte, und was sonst der einzelne noch gerne in den großen Topf hineingießt, der nun noch beträchtlich umfangreicher geworden ist, als der von Beard mit seinem Terminus etikettierte. Stellen wir uns dagegen die Aufgabe, zu unterscheiden, statt nach dem gemeinsamen Merkmal der Schwäche des Nervensystems zusammenzustellen, so ergibt sich daraus die Forderung, zu untersuchen, ob besondere und grosso modo besonders lokalisierte Formen der Neuronschwäche, d. h. besonders gruppierte oder isolierte Störungen der einzelnen Tonuskomponenten, auch besondere Krankheitsbilder produzieren. Gelingen kann dies nur, 1. wenn die Physiopathologie des Neurones sich auf Ergebnisse der Psychopathologie, 2. wenn sie sich zur Erklärung der Anomalien im peripheren Nervensystem wird anwenden lassen.

Die affektiven Wurzeln der Neurasthenie

Wenn es für die heutige Neurologie außer Zweifel steht, daß zu einem großen Teil die sogenannten körperlichen Symptome der Neurasthenie einen Ursprung in psychischen Geschehnissen haben, so heißt dies, ins Physiopathologische übersetzt, daß diese Krankheitszeichen Anomalien im Psychotonus der betreffenden Wirkungsorgane verraten. Haben wir oben konstatiert, daß die stets erkennbare psychische Instanz, die bei jedem normalen Ausdrucksvorgang zu eruieren ist, eine Affektivitätsveränderung sei, so ist der Schluß nahegelegt, daß auch die krankhaften Äußerungen des neurasthenischen Körpers demnach zu einem überwiegenden Teil Indikatoren für abnorme Affektivitätsvorgänge im Patienten seien.

Die klinische Beobachtung bestätigt dies zunächst insofern, als die Anschauung von der weitaus vorherrschenden Wichtigkeit der Gemütsbewegungen in der Entstehung der Neurasthenie von neueren Autoren allgemein hervorgehoben wird. Auf die Einwirkung der Hyperästhesie der sensorischen Neurone auf den Affekt des Patienten hat schon Goldscheider aufmerksam gemacht. Aber die Unlustgefühle knüpfen sich nicht nur an die rohen Sinnesempfindungen, sondern auch, und hauptsächlich intensiv an deren Derivate — die Vorstellungen und Erinnerungen. Sinneseindrücke sowohl wie diese letzteren psychischen Phänomene treten nie isoliert in Erscheinung, sie sind immer assoziativ verknüpft. Der Vorgang der Assoziation ist durch die architektonische Aneinandergliederung der aufgesplitterten Neuronbindungen nicht mehr bedingt, als durch die variablen Erregbarkeitsverhältnisse der einzelnen Nachbarneurone. Für Erinnerungen, deren Teilvorstellungen eine gewisse engere, d. h. stets bereite assoziative Vorkehrung aufweisen, ist durch die Schule Bleulers der Terminus „Vorstellungskomplex“ oder kurz „Komplex“ eingeführt worden. Wenn solche Vorstellungsaggregate mit einem Affekt mehr oder weniger dauernd belastet sind, so nennt sie dies „einen gefühlsbetonten Komplex“. Da dieser kurze Ausdruck in der Literatur Eingang gefunden hat, sei er auch in den folgenden Zeilen angewendet.

Was für Gesichtspunkte ergibt nun die klinische Beobachtung für eine Übersicht über die affektiven Vorgänge, die den Neurastheniker krank machen, weil sie sich nicht nur an überwertige sensorielle Beeinflussungen, sondern auch an Vorstellungen und Vorstellungskomplexe anknüpfen?

Das zeitliche Moment der Affekterregung

Erstens verdient eine besondere Hervorhebung das zeitliche Moment der Affekterregung, aus der später die Krankheit entstehen kann. Es ist nicht gleichgültig, ob ein psychisches Trauma ein Individuum trifft, wenn es abwehrrüstig oder wenn es ermüdet, geschwächt, im Affekt, vergiftet oder sonst aus einem Grunde widerstandslos ist. Es ist bekannt, wie tief psychische Eindrücke affektbetonter Art auch während der physiologischen Krisen (Pubertät, Menses, Gravidität usf.) einzuwirken pflegen. Das Verhältnis zwischen momentaner Disposition und exogener Ursache schwankt innerhalb allergrößter Grenzen. Auf die nachhaltige Wirkung in der Jugend empfangener gefühlsbetonter Eindrücke wird später noch eindringlicher zurückzukommen sein. Sodann ist es besonders das psychische Dauertrauma, das neurasthenisch macht. Wird es analysiert, so können viele seiner Einzelglieder als irrelevant erscheinen — durch ihre Aneinanderkettung erlangen sie ihre Macht. Viele der zahlreichen, nach übereinstimmendem Urteil der Beobachter zu den schwersten gehörenden Fälle von Neurasthenie der Eheleute mögen auf diese Ursachenstreuung zurückzuführen sein. Andererseits erweist sich die Wichtigkeit der Dauer einer nachteiligen affektiven Beeinflussung besonders klar auch in den Fällen, wo schwere einheitliche psychische Traumen lange Zeit ohne Unterlaß von Einfluß sind; die in der Literatur überall signalisierten Wirkungen der russischen Revolution auf die Nervengesundheit der Einwohner dieses Landes sind hierfür ein Beleg, ebenso Beobachtungen (Zangger und Stierlin) an Mitbetroffenen großer Katastrophen — Valparaiso, Messina, Courrière. Ferner gehören hierher eine große Zahl der sogenannten traumatischen Neurosen. Eine moderne Analyse dieser Affektionen ergibt, daß das zeitlich kurze Trauma des Unfalls in der Reihe der Ätiologien der traumatischen Neurose der Größenordnung nach meistens bedeutend geringer einzuschätzen ist, als die mannigfachen psychischen Dauertraumen, die sich an das auslösende Ereignis später anzuschließen pflegen.

Das physiopathologische Verständnis für die depravierende Einwirkung dauernder psychischer Traumen ist nahegelegt durch den Hinweis auf die Analogie zur summierenden Wirkung von Reizen, die nur durch kurze Intervalle getrennt sind.

Die affektbeladenen Vorstellungskomplexe

Drittens lassen sich die Vorstellungen, an welche krankmachende Affekte sich anheften, größtenteils auf einige Grundbegriffe reduzieren: auf den der Liebe, den des Besitzes und den des Ehrgeizes. Zweifellos ist der erstere der phylogenetisch ältere und zwischen ihm und den anderen lassen sich zahlreiche Brücken schlagen. Aber damit ist doch wohl nicht gesagt, daß die sexuellen Vorstellungen auch in jedem Falle die ontogenetisch primären seien. Es ist ja klar, daß die seelischen Folgen der geschlechtlichen Differenzierung für die Psychologie der ganzen Tierskala, den Menschen eingeschlossen, nicht unterschätzt werden darf. Aber auch nicht überschätzt. Wenn Freud jetzt nicht nur für die Hysterie, sondern für alle Neurosen annimmt, daß die krankmachenden Ursachen im Sexualgebiete liegen, so werden ihm in dieser Auffassung wohl nur die unentwegtesten seiner Anhänger nachfolgen, diejenigen, die den Begriff der Sexualität so weit zu fassen imstande sind, daß so ziemlich restlos alles darin aufgeht. Dafür, daß Ehrgeiz und Besitzlust besonders beim Manne doch wohl auch schädigende Vorstellungsaggregate kreieren, die im einzelnen Falle mindestens ebensoviel Wirkungskraft besitzen können wie der Sexualtrieb und seine höher psychischen Derivate, dafür scheinen mir die offenbar nicht so seltenen Neurastheniker typisch zu sein, deren Familien einen ziemlich raschen sozialen Aufstieg durchmachen.

Die Bewußtseinsfähigkeit der Komplexe. Ober- und Unterbewußtsein

Ein viertes wichtiges Kriterium zur Beurteilung der Affektivität des Neurasthenikers ist die Bewußtseinsfähigkeit der Vorstellungskomplexe. Als Ausgangspunkt für diese Überlegungen muß gewählt werden, was wir uns heute über die Stufen des Bewußtseins zurechtlegen können.

Nur zu einem kleinen Bruchteil machen unsere Sinneseindrücke die Metamorphose bis zu temporären Inhalten unseres Oberbewußtseins durch. Ein größerer Teil erreicht diese Stufe nur unter gewissen Bedingungen und sinkt dann in Tiefen unter dem Bewußtsein zurück, aus denen eine Rückkehr ins Oberbewußtsein nur mehr unter weiteren Bedingungen möglich ist. Ein weiterer, wohl der größere Teil unserer Empfindungen erreicht nie das Oberbewußtsein. Aber alle Sinneseindrücke, unbewußt gebliebene wie zu bewußten Wahrnehmungen und zu Bestandteilen von Vorstellungen gewordene, hinterlassen ihre Spuren im Nervensystem in Form der kürzer oder länger dauernden Tonusveränderungen der von ihnen getroffenen Neurone. Ihre Gesamtheit bezeichnet man als Gedächtnis im gewöhnlichen Sinne des Wortes. Es muß also ein bewußtes und ein unbewußtes Gedächtnis geben. Diese Spuren assoziieren sich mit denjenigen früher aufgenommener Sinneseindrücke. Die räumliche Anordnung der anatomischen Substrate dieser Gedächtnisspuren ist eine der Vorbedingungen dieses Verknüpfungsvorganges. Aber, wie oben bemerkt, nicht die einzige. Vielmehr ist die Wahl der assoziativen Verknüpfung von sensoriellen Erinnerungen unter sich und von solchen mit höheren Derivaten der psychischen Rezeptivität abhängig von der Bahnung der örtlich verbundenen Neurone. Sie geht in den verschiedenen (zeitlich koordinierten) Bewußtseinsstufen nach verschiedenen Kriterien vor sich. Die assoziative Werbekraft eines und desselben Sinneseindruckes ist nicht die gleiche, wenn er nur bis zu den tieferen Stufen des Bewußtseins vordringt, und wenn er bis in die Assoziationssphäre des Oberbewußtseins gelangt. In der letzteren sind zwei für alle Assoziationsvorgänge maßgebende Instanzen erkennbar, eine phylogenetisch junge: die Logik, und eine phylogenetisch alte: die Affektivität. Ihr gegenseitiges Machtverhältnis während des Wachbewußtseins ist individuell und beim gleichen Individuum nach einer Menge von Umständen variabel. Je tiefer wir aber bei einem Individuum in das unterbewußte Ich einzudringen vermögen, desto mehr und schneller sehen wir beim Assoziationsvorgang die Affektivität allein die Oberhand gewinnen und die in den oberen Bewußtseinsschichten temporär vorherrschende Logik jeglichen Einfluß verlieren. Die oberbewußte Assoziation k a n n von dem richtenden Pol der Logik, die unterbewußte m u ß von dem Gegenpol der Affektivität aus dirigiert werden. Außerdem unterscheiden sich aber die Bewußtseinshöhen auch durch die Dauerhaftigkeit der assoziativen Verknüpfungen. Sie ist eine Folge des Tonus im Moment der Reizempfängnis (besonders des durch Bahnung beeinflußten), der Neurone, die wir als ihr anatomisches Substrat anzunehmen haben. Der optimale Tonus der Neurone des Oberbewußtseins muß sich anders äußern als der optimale Tonus derjenigen des Unterbewußtseins. In der gleichen Tonushöhe scheinen normalerweise die Erregungskomponenten der höchstdifferenzierten Neurone in einem anderen gegenseitigen Verhältnis zueinander stehen, als die der Neurone tieferer Ordnung. Die normale gegenseitige Beeinflussung der letzteren scheint eine losere, kürzer dauernde zu sein. Ist aber diese durch affektive Bahnung unproportioniert stark entwickelt, so usurpieren die unterbewußten Assoziationen einen störenden Einfluß auf das gesamte psychische Leben. Daraus resultiert eine Gleichgewichtsstörung zwischen Ober- und Unterbewußtsein, deren Wirkung graduelle Abstufungen von der Breite der Norm über die Neurosen bis in die Geisteskrankheiten aufweist. Jeder Mensch trägt außer ihm wohl bewußten affektbeladenen Vorstellungsaggregaten solche in sich, die ihm nicht bewußt sind.

Wichtigkeit des Unterbewußtseins

Auf ihre eminent hohe Bedeutung für das psychische Leben überhaupt und die Gesundheit im besonderen hat vor mehr als einem Dezennium ein englischer Autor L. Waldstein in einem Essay aufmerksam gemacht, aus dessen deutscher Übersetzung die folgende uns hier besonders interessierende Stelle zitiert sein möge: „Hysterie wie Neurasthenie sind die Wirkungen einer Schwäche des bewußten Ichs und entsprechendes Vorwiegen aller impulsiven, emotionellen und ausgesprochen egoistischen Offenbarungen dessen, was das unterbewußte Ich ausmacht. Die Hoffnungen und Befürchtungen des hysterischen und des neurasthenischen Individuums, seine Gedanken und Taten stehen in genauem Verhältnis zu den Eigentümlichkeiten des unterbewußten Teiles seines Geistes. Aber hier hört die Ähnlichkeit dieser zwei nervösen

Krankheiten auf. Ihre Symptome haben einen gemeinsamen Ursprung, aber sie variieren in der Entwicklung.“

Ehe wir auf diesen letzteren Punkt, die psychopathologische Verwandtschaft der Neurasthenie mit der Hysterie näher eintreten, sei indes die Frage untersucht, ob sich die Idee von der Rückführbarkeit neurasthenischer Anomalien auf unterbewußte Instanzen als erkennbarer Angelpunkt auch in den modernen Verschiebungen der Auffassung der Neurasthenie findet.

Ich zitierte aus Dubois' Referat vom Jahre 1907 über die neurasthenischen Zustände.

„. . . . il est plus important encore de réformer la mentalité primitive.

Nos défauts mentaux: irritabilité, tendance au découragement, pusillanimité vis-à-vis de la maladie, de la mort, impressionabilité, etc. existent dans notre disposition d'esprit innée et acquise, due à l'hérédité et à l'éducation. Si la santé générale est bonne, ces tares natives restent plus ou moins cachées, semblables à des rochers au fond de la mer recouverts à marée haute. Qu'il survienne quelque influence débilitante: fatigue physique, intellectuelle et surtout émotionnelle, ces défauts se decouvrent comme les rochers à marée basse.

Nous avons tous, si normaux que nous pensions être, ces débilités psychiques et, quand nous sommes fatigués, affaiblis, nous réagissons dans le sens de cette mentalité primitive. La fatigue rend l'un irritable, l'autre triste, elle réveille l'ésprit de contradicton qui sommeille en nous, diminue notre patience, nos sentiments d'altruisme, fait naître des craintes hypocondriaques, des inquiétudes, alors que l'idée de la maladie, de la mort, nous laissait assez indifférents dans l'euphorie physique. C'est pourquoi l'homme le plus sain est susceptible de devenir momentanément neurasthénique, quand les facteurs débilitants agissent sur lui d'une façon intense et continue.

Le vrai neurasthénique se trouve d'emblée dans un état d'infériorité; les rochers, auxquels j'ai comparé les défauts mentaux, sont plus superficiels et montrent leur surface dès le début de la marée descendante. Des causes qui seraient insuffisantes pour provoquer un état maladif chez l'homme mieux doué font naître aussitôt les troubles psychopathiques et physiologiques. La plus petite fatigue, la plus minime émotion, annihilent le potentiel du sujet, l'amènent à l'impuissance, au découragement, voire même au suicide. Souvent aussi le moindre évènement favorable, une bonne nouvelle, une parole reconfortante, produisent avec la même facilité l'effet inverse, et la force succède à l'impuissance, l'enthousiasme courageux à la veulerie."

Bedarf es eines besonderen Hinweises, daß das, was Dubois' beredte Worte als mentalité primitive beschreiben, allgemeine und moralphilosophische Bezeichnungen für Konstituenten des Unterbewußtseins, daß seine rochers à marée basse die unterbewußten gefühlsbetonten Komplexe sind?

Ich pflege meinen Patienten, falls ich sie über den psychischen Mechanismus ihres Zustandes aufzuklären nötig finde, durch ein stets vorhandenes Anschauungsmittel das Verhältnis von Oberbewußtsein und primitiver Mentalität zu demonstrieren: Man spreizt die Finger beider Hände, hält die linke Hand senkrecht, Ellbogen auf den Tisch gestützt, Finger aufwärts, und die rechte Hand wagrecht darüber. Die linke Hand stellt das Unterbewußtsein, ihre Finger gefühlsbetonte Komplexe dar; die rechte Hand das bewußte Ich, dessen Niveau sich heben und senken kann. Es kann so tief sinken, daß die Konstituenten des Unterbewußtseins zum Vorschein kommen — im Schlaf und Traum, in der Ermüdung usw.: die gespreizten Finger der rechten Hand senken sich zwischen die Fingerspitzen der linken, die nun über jene herausragen. Das Bild ist weniger poetisch als das starrender Felsen im ebbenden Meere. Es hat aber außer der immer bereiten Vorführbarkeit einen weiteren — psychotherapeutischen — Vorzug: Felsen im Meer sind schwer zu beseitigen, die Finger meiner linken Hand können aber leicht gebogen werden.

Die unterbewußten Vorstellungskomplexe des Neurasthenikers

Jeder kundige normale Beobachter wird an sich selbst bestätigen können, daß wir alle in unserem Unterbewußtsein gefühlsbetonte Vorstellungskomplexe haben. Infolge seiner erhöhten Empfindlichkeit mag der Neurastheniker deren mehr beherbergen als der Normale: das unterbewußte Ich wuchert um so leichter, je rezeptiver die zuführenden Neurone sind. Sicher ist nur, daß diese unterbewußten Aggregate ihn häufiger, intensiver und nachhaltiger stören, als den Gesunden die seinigen. Klinisch äußert sich dies in der bekannten Egozentrizität der Neurastheniker, in ihren Stimmungen, die „sine materia“ kommen und oft ohne ersichtlichen Grund wieder verschwinden, in den Hemmungen, die seine Tätigkeit ihres Schwunges berauben und schließlich besonders deutlich in der sogenannten Gedächtnisschwäche der Patienten. Neurasthenische klagen sehr oft über die Unfähigkeit, im geeigneten Moment die richtige Bezeichnung eines Ortes, Gegenstandes, einer Person usw. vorzubringen: ihr Gedächtnis sei schlecht geworden. Prüft man den so angeklagten Mangel, so findet man nicht selten eine sehr gute Merk- und Reproduktionsfähigkeit — zum mindesten eine Qualität derselben, die in scharfem Gegensatz zu den vorgebrachten Klagen steht. Es handelt sich bei den Störungen nicht um echte Gedächtnisschwäche, wie sie etwa dem Senium eigen sein mag, sondern um Sperrungen vom Unterbewußtsein, von einem affektbelasteten Vorstellungskomplex her. Daß diese „Psychopathologie des Alltagslebens“ aus der Wirkung des unterbewußten Gedächtnisses heraus zu verstehen ist, hat Freud in einer Schrift dargetan, deren Scharfsinnigkeit auch der bewundern muß, der einzelne seiner Schlüsse nur mit Reserve akzeptiert. Er weist darin auf das Vergessen, sich Versprechen, sich Vergreifen hin, das an jedem „Zerstreuten“ dann beobachtet werden kann, wenn eben in die Kontinuität seines Oberbewußtseins ein Loch vom Unterbewußtsein her gestoßen wird. Neurastheniker zeigen diese Eigentümlichkeit häufiger und intensiver als die Normalen. Ein anderer Unterschied mag in der subjektiven Stellungnahme zu dem Phänomen liegen: den Neurastheniker deprimieren solche Vorkommnisse gewöhnlich, er fühlt sie mehr oder weniger deutlich als Stigma seiner Krankheit; die Selbstironie, die der Gesunde dafür etwa noch haben mag, ist ihm abhanden gekommen.

Die Tenacität der unterbewußten Vorstellungskomplexe

Normal ist nun ein Komplexträger dann, wenn seine Komplexe nicht von zu großer Tenacität und von zu starker (dauernder) Einwirkung auf die Assoziation des Oberbewußtseins sind.

Die Hartnäckigkeit eines Komplexes ist identisch mit dem Widerstand, den er dem logischen und affektiven Urteil des Oberbewußtseins entgegensetzt. Es gibt neuerdings ein Mittel, experimental-psychologisch sie zum wenigsten annähernd erkennbar zu machen. Gewisse Resultate der psychogalvanischen Untersuchung, auf die weiter unten zurückzukommen sein wird, berechtigen zu dieser Aussicht.

Die lösende Kraft des Oberbewußtseins eines Komplexträgers gegenüber krankmachenden Komplexen ist durch die Psychotherapie par raisonement zu erhöhen.

Wir können also ex juvantibus auf die Größe der Gleichgewichtsstörung zwischen Unter- und Oberbewußtsein schließen. Am besten verdeutlichen dies die Erfahrungen, die jeder Arzt mit Zwangs- und Angstneurotikern macht. Jeder logischen Überlegung — die eigene Logik des Patienten ist ja oft in beständigem Kampf mit der überwertigen Idee, und es gehört zum Charakteristischsten an diesen Neurosen, daß diese Kranke ein gut Teil spontaner Krankheitseinsicht haben — die eigene wie die überredende Logik des Therapeuten stößt auf einen „felsenfesten" Widerstand. Bei längerer Beobachtung sieht man, unter günstigen Umständen freilich, Zwangsgedanken und Angst zurücktreten, so daß der Kranke sich befreit fühlt. Ist dem aber so, weil seine Komplexe aufgelöst sind, oder weil durch Ruhe und Verbesserung der Gehirnernährung das Niveau des oberbewußten Ichs gestiegen ist? Die nicht so seltenen Rezidive mit Wiederkehr derselben bizarren Äußerungen der Gleichgewichtsstörung lassen das letztere vermuten.

Der neurasthenische Komplexträger aber kann gelehrt werden — meines Erachtens freilich nicht nur durch „seelsorgerischen" Zuspruch — seine krankmachenden unterbewußten Vorstellungen selbst auszugraben. Das Unterscheidungsmerkmal zwischen Komplex des Zwangs- und Angstneurotikers und des Neurasthenischen besteht also in einer besseren Wahlverwandtschaft zu Logik und affektivem Urteil des Oberbewußtseins (Ethik).

An die so erstellte Reihe: Normaler, Neurastheniker — Zwangs- und Angstneurotiker — schließt sich, vom Gesichtspunkte der Wirkung unterbewußter Vorstellungskomplexe aus betrachtet, der Hysteriker an. Sein Unterbewußtsein beherbergt Produkte seiner Alethie, wie ich kurz die Tendenz zur Formierung unterbewußt bleibender Komplexe nennen möchte, die zum Oberbewußtsein keinen spontanen Auftrieb nachweisen. Sie sind deshalb der auflösenden Einwirkung der höheren psychischen Instanzen nicht zugänglich und können tiefere und dauerndere Wirkungen auf das übrige Nervensystem ausüben, als die Konstituenten des Unterbewußtseins der anderen Patienten. Die Bleulersche Schule vertritt mit plausiblen Argumenten den Standpunkt, daß ein ähnlicher gradueller Unterschied zwischen Hysterie und Dementia praecox bestehe.

Ihre Wirkung. Es ist eine roh schematische Vorstellung, wenn man solche Neurone, deren gegenseitige Beeinflussung das Substrat eines gefühlsbetonten Komplexes ausmacht, mit einem organischen Herd im Cortex vergleicht. Und doch haben die beiden Veränderungen ein frappantes Gemeinsames: die Distanzwirkung im Nervensystem im Sinne der Diaschisis. Unter diesem Terminus versteht v. Monakow, der ihn in die Lehre von den neuen Prinzipien der Lokalisation im Gehirn eingeführt hat, eine vorübergehende Übertragung der Funktionsstörung eines Gliedes in einem Funktionsverband auf den ganzen Funktionsverband („Trennung in einzelne Teile durch Ausschaltung eines dirigierenden Verbindungsgliedes“). Wie nun ein Funktionsausfall durch einen Herd im organisch kranken Gehirn Diaschisiswirkungn erregen kann, so im normalen Gehirn eine bloße Vorstellung.

Ein Beispiel hierfür bietet ein Experiment, daß V. Henri in seinen Studien über den Muskelsinn bekanntgegeben hat. Man stelle einen Spiegel etwas nach vorn geneigt auf einen Tisch, lege ein Blatt Papier mit einem von links nach rechts unten laufenden schrägen Bleistiftstriche davor. Dieses Blatt wird der direkten Besichtigung der Versuchsperson entzogen durch einen Schirm, der zwischen Auge und Papier gestellt, das letztere abdeckt, sein Spiegelbild aber freiläßt. Und nun hat die Versuchsperson die Aufgabe, mit einem Bleistift der vorgezeichneten Linie unter Direktion des Spiegelbildes zu folgen. Sie kann es nicht, sondern fährt, obwohl sie es im Spiegel sieht, immer im rechten Winkel zur vorgezeichneten Linie ab. Man hat, wenn man selbst die Versuchsperson ist, das Gefühl der absoluten Unmöglichkeit der Bewegung in der vorgezeichneten Richtung: die dazu nötigen Koordinationsbewegungen sind zufolge der falschen optischen Vorstellung lahmgelegt.

Die Diaschisiswirkung des hysterischen Komplexes äußert sich nun außer in den psychischen Symptomen der Hysterie auch in den sogenannten somatischen Stigmen, so daß man meinen könnte, sie erstrecke sich bis tief in die untersten Instanzen der Peripherie. Wenn z. B. ein Hysterischer an einer Hautstelle gebrannt und gestochen werden kann, ohne durch Fluchtbewegung irgendeine Schmerzempfindung zu verraten, so liegt die Annahme am nächsten, daß die Zuleitung schon in der Peripherie gestört sei, im Sinne der Diaschisislehre gesprochen: daß die Diaschisis bis zur Peripherie reiche.

Daß dem nicht so ist — daß vielmehr der Reiz an beträchtlich hohe psychische Instanzen übermittelt wird und nur nicht in das Oberbewußtsein des Hysterischen gelangt, konnte ich durch die psychogalvanische Kontrolle der hysterischen Anästhesien experimentell beweisen. Wird ein organisch Anästhetischer in den Stromkreis des psychogalvanischen Apparates eingeschaltet, und an den kranken Stellen unter Beobachtung der nötigen Kautelen gereizt, so bleibt der Ausschlag des Galvanometers aus, der sich einstellen würde, wenn er ceteris paribus an normal fühlender Stelle gleich gereizt würde. Reizen wir aber unter den gleichen Umständen einen hysterisch Anästhetischen, so reagiert das Galvanometer wie bei einem Gesunden, obwohl die übrigen Ausdrucksvorgänge, die wir bei diesem auf Reiz beobachten würden, ausbleiben. Da der psychogalvanische Reflex ein Indikator für den durch den Reiz entstandenen Affekt ist, so erhellt aus dem Experiment mit dem hysterisch Anästhetischen, daß der Reiz psychische Instanzen in Affekt versetzt, die nicht identisch sind mit dem Oberbewußtsein. Die sensiblen Bahnen des hysterisch Anästhetischen leiten also vielleicht so gut wie die eines Normalen. Aber zufolge der intercorticalen Diaschisis — als deren Ausgangspunkt wir die Neurone betrachten, die das Substrat eines übermächtigen gefühlsbetonten Komplexes sind — ist trotz ihrer Intensität die Zuleitung der Reize bis ins Oberbewußtsein verunmöglicht.

Nach der eben skizzierten Auffassung weist die Hysterie drei psychopathologische Eigentümlichkeiten auf: die Alethie, die daraus entstehende Tenacität unterbewußter Vorstellungskomplexe und deren Diaschisiswirkungen.

Wenn diese drei psychopathologischen Phänomene in der Hysterie am sichtlichsten ausgeprägt sind, so erkennen wir ihre weniger ausgesprochenen Korrelate doch auch schon in der Norm. Die neurasthenische Psyche weist sie in einer Deutlichkeit auf, die die Mitte hält zwischen diesen beiden Zuständen.

Zu der relativ schwachen und nie lange dauernden intercorticalen Diaschisiswirkung der Komplexe des Neurasthenikers gesellen sich nun die verstärkten und andauernden Irradiationen der Affekte peripheriewärts, im Sinne der Ausdrucksvorgänge. Sie sind zurückzuführen auf die besonders niedere Reizschwelle der efferenten Neurone, eine Eigentümlichkeit, die dem hysterischen Nervensystem nicht zukommt.

Der Ursprung der krankmachenden Komplexe

Die Frage, woher die später krankmachenden Vorstellungskomplexe hauptsächlich stammen, ist mit dem Hinweis auf zwei Hauptquellen zu beantworten. Kindheitseindrücke aus der nächsten Umgebung, besonders aus der Familie spielen hier eine große Rolle. Jeder Beobachter kann insbesondere die spätere Nachwirkung des affektiven Verhältnisses, in dem das Kind zu seinen Nächsten steht, häufig feststellen. Normalerweise ist dieses im Verlauf der persönlichen Entwicklung Wandlungen unterworfen: die unbedingte Verehrung, die z. B. Kinder in einem gewissen Alter für ihre Eltern haben mögen, wird normalerweise im Laufe der Zeit verschiedene Umwandlungen durchzumachen haben, wenn die kritischen Fähigkeiten des Heranwachsenden sich geltend machen. Die daraus entstehenden Konflikte überwindet das rüstige Nervensystem, das schwache läßt sie unerledigt. Es ist nicht bereit, seine infantile Stellung aufzugeben, die betreffenden Vorstellungskomplexe zu revidieren. Damit ist der Boden vorbereitet, auf dem ihre späteren krankmachenden Wirkungen sich entfalten können. Das eine Beispiel möge viele andere ersetzen. — Mit ähnlicher Häufigkeit dürfte die zweite Quelle für unerledigte psychische Eindrücke in Betracht fallen: die psychischen Erlebnisse während einer früher durchgemachten Krankheit oder schon während eines persönlichen Kontaktes mit Gesundheitsfragen. Und da darauf nicht genug hingewiesen werden kann, sei es auch hier hervorgehoben: wie erschreckend oft unüberdachte Aussprüche von Ärzten das wesentlichste Glied in solchen Geschehnisketten bilden. Die „Herzfehler" beispielsweise spielen eine verderbliche Rolle. Man weiß, daß in der Wachstumsperiode Kinder oft Herzgrenzenvergrößerung aufweisen, die nachher spurlos verschwinden. Ist vor einem solchen Knaben seinerzeit gesagt worden, er habe eine Herzkrankheit, so kann diese Vorstellung sich in ihm arrêtieren und ihn später plagen, wenn die Ursache zu dieser Diagnose längst wieder aufgehoben ist. Oder ein konkretes Beispiel: Einer Frau wird erklärt, sie sei derart herzkrank, daß, wenn sie je schnell laufe, sie riskiere, ohne weiteres am Herzschlag zu sterben. Diese Eröffnung ist ihr vor zwei Jahren gemacht worden aus Gründen, für die eine sorgfältige Untersuchung heute nicht die leiseste Veranlassung mehr ergibt. Die Frau aber ist unter dem unverminderten Schock dieses ärztlichen Ausspruches zwei Jahre lang geblieben und hat ihr Leben danach eingerichtet. Einem Patienten ist, weil er ein Magengeschwür gehabt hat, und sich nicht sofort zur Operation entschließen wollte, die Folge seiner Blutverluste derart kraß geschildert worden, daß er dann schleunigst zur Operation beistimmte. Von seinem Magengeschwür wurde er geheilt; aber von nun an war er, und zwar noch drei Jahre später, bei tadellosestem Blutbefund der überzeugteste Daueranämiker. Einem Jungen wird vom Hausarzt zur Abschreckung von der Onanie mit Irrenhaus gedroht. Er verfällt in eine Depression, die beängstigende Dimensionen annimmt, aber auf vernünftige Belehrung binnen kurzem und seither dauernd (fünf Jahre) wegbleibt.

Welcher Beobachter könnte nicht unzählbare weitere Beispiele im gleichen Sinne beibringen? —

Komplexlehre und Neurasthenie

Ohne Zweifel wird die Bleulersche Lehre von den Komplexen auch für den Weiterausbau der Psychologie des Neurasthenikers als fruchtbringend sich erweisen. Heute, scheint es mir, sei die Etappe unserer Kenntnisse auf diesem Gebiet genügend damit gekennzeichnet, daß neben dem eben über die unterbewußten Komplexe des Neurasthenikers Gesagten die große Menge der übrigen, aus gleichen Quellen stammenden, aber gerade wegen der neurasthenischen Beschaffenheit des anatomischen Substrates weniger hartnäckigen Komplexe hingewiesen werden, welche dem Patienten mehr oder weniger klar bewußt sind. Ein gründlicher Ausbau der Psychologie des Neurasthenikers in dieser Richtung wird uns entschieden weiter bringen als die charakterologischen Skizzen alten Stiles, die man sich bis jetzt von diesen Patienten machte.

Es ist wohl im allgemeinen richtig, daß der Neurastheniker als Kind meist altklug, nicht naiv lebensfreudig sei — aber niemand wird dies als Dogma aufstellen wollen. Es kann nicht bestritten werden, daß für den Neurastheniker die Pubertät eine Krisis in höherem Maße bedeutet, als für den Normalen, daß der erwachsene Neurastheniker als Arbeiter leicht ermüdet, Massensuggestionen leichter unterworfen, durch Alkohol schneller geschädigt, daß er auf dem Gebiete der Kunst eher Kritiker als Künstler, oder als Künstler eher Nachempfinder als origineller Kopf wird, daß er als Gelehrter sich besser zum Streben nach allgemeinen Gesichtspunkten als zur Vertiefung der Kenntnisse eignet, daß er in jedem Stand eher viel beginnt, als etwas gründlich zu Ende führt — der Mann der Projekte, nicht des Ausarbeitens ist, daß seine Arbeitsenergie stoßweise, nicht in zähem Fluß zur Geltung kommt — doch sind dies Verallgemeinerungen, die jeden Tag wieder durch die oder jene Einzelbeobachtung eingeschränkt werden müssen.

Die Individualpsychologie allein wird uns in der Erforschung dieser Dinge über sie hinausbringen.

Die Störungen des neurasthenischen Nervensystemes außerhalb der psychotonischen Komponente

Die Frage, ob es auch subcorticale Störungen gebe, die für das Nervensystem des Neurasthenikers charakteristisch seien, ist nur für eine rein klinische Betrachtung mit dem Hinweis auf die alte Aufstellung von zirkulatorischer, digestiver, sexueller neben der cerebralen Unterart der Neurasthenie beantwortet. Die physiopathologische Fragestellung nach der Natur dieser peripheren Störungen dagegen hat zu untersuchen, welche Tonuskomponenten an den Neuronen des gesamten, also auch des subzentralen Nervensystems geschädigt sein können. Der exklusive Psychotherapeut würde, falls er meine Nomenklatur akzeptiert, sagen: ausschließlich der Psychotonus. Es heißt aber nicht die Wichtigkeit dieser Hauptkomponente verkennen, wenn man die übrigen auch zur Betrachtung heranzieht. Einer direkten Prüfung des Tonuszustandes sind die Neurone der Peripherie zugänglicher als zentrale; auf die Möglichkeit einer solchen werden wir im II. Kapitel zurückzukommen haben.

Wollen wir hier versuchen, die mit dem Psychotonus konkurrierenden Möglichkeiten der schädlichen

Beeinflussung des Zustandes der Neurone des Nervensystems nach physiopathologischen Gesichtspunkten zu ordnen, so ergeben sich etwa folgende Überlegungen.

Heredität

Was zunächst die strukturellen, endogenen Dauereigentümlichkeiten der Nervenelemente (Anlage) betrifft, so kann meines Erachtens nicht genug betont werden, wieviel über hereditäre Einflüsse behauptet wird und wie wenig wir darüber wissen. Haben doch erst kürzlich die Ausführungen Martius' über die Notwendigkeit der Ahnentafel (statt des Stammbaumes) bei der Aufnahme von Familienanamnesen erwiesen, auf wie wenig gesichertem Boden bis dahin die klinischen Hypothesen über Hereditätsfragen überhaupt gestanden haben. Es wird von gewiegten Neurologen immer wieder gemahnt, den Standpunkt zu verlassen, von dem aus man nur die degenerativen Momente in der Ahnenreihe eines Individuums bei der Beurteilung seiner biologischen Erbmasse in Betracht zieht und die regenerative Kraft außer acht läßt, deren Vorhandensein dadurch bewiesen ist, daß es doch eine beträchtliche Anzahl von Fällen gibt, bei denen ein nachweisbar gesundes, älteres Individuum in seiner Ahnenreihe schwer „belastende“ Daten aufweist. Und was die zeitlichen Verhältnisse der Wirksamkeit irgendeines über das Individuum hinaus die Deszendenz beeinflussenden Momentes betrifft, haben doch wohl die vor einigen Jahren ausgegrabenen Mendelschen Gesetze erwiesen, daß selbst bei nieder differenzierten Geschöpfen und mit Bezug auf nur ganz einzelne morphologische Eigentümlichkeiten die Übersicht über viele Generationen nötig ist, um Schlüsse zu gestatten. Unsere Erhebungen über die biologische Erbmasse eines Menschen aber, mögen sie der Breite nach auch richtig entlang den Linien einer lückenlosen Ahnentafel erhoben sein, hören in der überaus größten Mehrzahl der Fälle bei der zweiten Generation auf, zuverlässige Daten festzustellen.

In der ganzen Hereditätsfrage der Neurasthenie, wie übrigens auch der verwandten Neurosen, scheint mir nur eine klinische Tatsache gesichert: die offenbare Wirkung der „Blastophtherie“ bei einem oder mehreren Vorfahren. Unter diesem Ausdruck hat Forel die verschiedenen Formen der Keimvergiftung zusammengefaßt, die durch die verschiedenen exogenen Noxen, vorab das Syphilisgift und den Alkohol, im Organismus des Vorfahren vor sich gehen und dann als Disposition zu Krankheit bei den Nachkommen nachwirken. In der Tat kann man sich dem Eindruck nicht verschließen, daß in der Aszendenz ungemein vieler Neurastheniker (mehr noch der schwereren Neuroseformen) Lues und Alkoholismus nachgewiesen werden kann. Mit Bezug auf den letzteren ist ja die Schwierigkeit zuzugeben, daß über die Begrenzung dieses Begriffes gestritten wird. Aber auch der nichtabstinente Arzt wird seine Skepsis in dieser Beziehung aufgeben, wenn der Patient selbst bei der Erhebung der Anamnese einen seiner Vorfahren als Trinker einschätzt. Und solcher Fälle gibt es allzu viele.

Es soll freilich nicht außer acht gelassen werden, daß auch die Einwirkung wenigstens des Alkohols (gegebenenfalls auch anderer chronisch wirkender Gifte) auf den Vater der Kinder nicht nur auf dem Wege der hereditären Beeinflussung schädigen kann, sondern auch, und zwar in vielen Fällen offenkundig, erst nach ihrer Geburt, auf psychischem Wege. Nicht am wenigsten in ihrer frühen Kindheit, zur Zeit nämlich, da die kindliche Psyche das Material des späteren Unterbewußtseins sammelt.

Damit berühren wir das Gewicht, das am schwersten in die Wagschale fällt, in die wir, bei der Einschätzung der Heredität, alles das legen, was in postkonzeptioneller und postnataler Lebensphase das Individuum zur Neurose führen kann. Es ist ein nicht gering zu schätzendes Verdienst Waldsteins, auf diese Dinge in seinem Essay ausdrücklich aufmerksam gemacht zu haben. In gleichem Sinne sind gewiß viele ernstlich gesichtete Ergebnisse der Kinderpsychologie äußerst wichtige Beiträge negativer Art zum Studium der Hereditätsfrage.

Rolle der nicht neurotonischen Reizkomponenten

Die Reize nun, welche außer der neurotonischen Komponente die Nervenelemente treffen und die übrigen Reizkomponenten seines Tonus ausmachen, kann man einteilen in solche, die für eine krankmachende Dauerwirkung außer Betracht fallen, weil die Neurone gegen sie mehr oder weniger geschützt sind. Die hydrotonische Komponente ist Lebensbedingung für das Neuron, die thermotonische darf nur innerhalb geringer Grenzen schwanken, ohne ebenfalls sofort mit der Funktionsfähigkeit auch das Leben des Elementes zu gefährden; gegen mechanische Reize überschwelliger Art ist das Zentralnervensystem durch seine Hüllen und sind die peripheren Nerven durch ihre Lage zu Skeletteilen mehr oder weniger geschützt. Wesentliche Schwankungen der elektrotonischen Komponente verhindern die in die Membranen lokalisierten Widerstände. Dagegen können unmöglich für die Genese der Tonusveränderungen der Neurone Zahl und Art der chemischen Reize gleichgültig sein. Als Hauptvermittler kommt dabei das Blut in Betracht.

Wir hätten also zu untersuchen, inwieweit Blut- Das Blut menge und Blutmischung in ihrer Wirkung auf das neurasthenische Nervensystem analysierbar sind.

Die „Anämie" wurde häufig als Ursache der Neurasthenie genannt. Hat doch Pierre Marie nachgewiesen, daß die „anémie cérébrale" in der französischen Literatur bis 1880 einer der Vorläufer des Beardschen Krankheitsbegriffes war. Wenn heute diese Ätiologie gelegentlich noch als allgemein gültig hervorgehoben wird, so ist freilich meistens unklar, welche Befunde im einzelnen Falle zu dieser hämatologischen Diagnose geführt haben. Die absolute Blutmenge eines Individuums zu messen, sind wir noch nicht imstande; ebensowenig in vivo die relative Blutmenge, die in der Zeiteinheit einem gewissen Volumen der Nervensubstanz, z. B. dem Gehirn, zufließt. Diese hängt in erster Linie ab von der Weite der Arterien, die in das Schädelinnere führen, sodann auch von der Aktion der Vasomotoren. Erstere kann in Leichenuntersuchungen neurasthenisch Gewesener studiert werden. Löwenfeld hat hierüber an Hand eines großen Vergleichsmaterials festgestellt, daß das Verhältnis der Arterienweite zum Gehirngewicht schon in der Norm sehr erheblichen Schwankungen unterliegt, und daß eine Unterentwicklung der Gehirngefäße als selbständige Erscheinung bei im übrigen wohl ausgebildetem Arteriensystem auftreten kann. „Mangelhafte Entwicklung der Gehirngefäße begründet daher eine Disposition zu allen den Erkrankungen, welche im Gefolge nervenerschöpfender, die Ernährung des Gehirns beeinträchtigender Momente auftreten.“ In den Befunden Löwenfelds ist zugleich die Unmöglichkeit festgestellt, aus dem Zustand der einer Untersuchung zugänglichen Arterien am Lebenden einen Schluß auf quantitative Blutversorgung des Gehirns zu ziehen. Überdies sind die zuführenden Blutgefäße im Leben nicht starre Röhren von konstantem Lumen, wie diejenigen der Leiche. Vielmehr verändert der Einfluß einer in letzter Linie wieder nervösen Instanz das Lumen insbesondere der feinen Arteriolen beständig. Ob also nicht, selbst bei unternormalem Lumen der Gefäße, der Schaden wenigstens teilweise durch vasomotorisch bedingte erhöhte Schnelligkeit des Blutzuflusses ausgeglichen wird, bleibt eine offene Frage, die in ein besonderes Licht gerückt wird durch die Tatsache, daß der Mensch beidseitige Unterbindung der Carotis interna überstehen kann, wie ein von Krönlein publizierter Fall beweist. Lassen doch auch die von Mosso, Burckhardt, in letzter Zeit besonders von Brodmann und Berger, in einem bescheidenen Beitrag auch von mir untersuchten Pulsationen des Schädelinhalts nie die starken „Undulationen“ vasomotorischen Ursprungs vermissen. Von besonderem Interesse ist hier ein Befund Bergers, der nachgewiesen hat, daß bei einem Patienten mit zwei Schädeldefekten die vasomotorischen Wellen an den beiden nicht synchron auftreten, sondern in einem vermutlichen Zusammenhang mit einer besonderen funktionellen Beanspruchung der einzelnen Cortexpartien. Und schließlich sei mit Nachdruck auf die schönen Untersuchungen Ottfried Müllers hingewiesen, welche die weitgehende autonome Selbstregulierungsfähigkeit der Schädelgefäße demonstriert haben. Von geschichtlichem Interesse sind hier auch die oben zitierten Experimente Anjels, wonach die Vasomotorenerregung bei Neurasthenikern länger andauert, als bei Normalen. Vielleicht liegt darin eine Kompensationseinrichtung zum Ausgleich einer Unterentwicklung der Arteriolen in ihrer Weite. Freilich beziehen sich die Anjelschen Versuche auf Gefäßprovinzen der Peripherie, nicht des Gehirns; Übertragung der Resultate auf diese darf nur mit größter Reserve geschehen.

Aktuell wird die Frage nach der quantitativen Blutversorgung des Gehirns, wenn wir Veranlassung haben, bei einem Patienten sklerotische Veränderungen der Arterien zu vermuten. Solange in solchen Fällen keine gröberen Störungen der Gehirntätigkeit nachzuweisen sind, wohl aber funktionelle Unzulänglichkeiten, die klinisch in den Rahmen einer Neurasthenie sich fügen, haben wir nicht das Recht, von einer Hirnarteriosklerose zu reden, sondern tun gut daran, den Fall als Neurasthenie eines Arteriosklerotikers im Auge zu behalten. Denn auch hier gilt die Erfahrung, daß arteriosklerotische Veränderungen in einer bestimmten Gefäßprovinz, z. B. am Arm, nicht gleiche Veränderungen in einer andern, z. B. im Gehirn, zu involvieren braucht.

Die Frage, ob Anämien in der Genese der Neurasthenie die präponderante Rolle spielen, die ihnen vielfach noch zugeschrieben wird, hat Dubois auf Grund von Blutkörperchenzählung und Hämoglobinbestimmungen verneint. Die Veranlassung, Blutarmut zu diagnostizieren, wird offenbar oft in der blassen Gesichtsfarbe, die bei Neurasthenikern vorkommen kann, gesucht. Besonders Sexualneurastheniker zeigen dies Symptom nicht selten. Gött hat an einigen solchen Fällen nachgewiesen, daß dieselben keineswegs unternormale Erythrocyten- und Hämoglobinzahlen aufwiesen. Dagegen fiel ihm eine Disproportion dieser beiden Zahlen auf, indem der Hämoglobingehalt bedeutend höher war, als die Erythrocytenzahl es hätte vermuten lassen. Er führt das Phänomen auf ungleiche Zusammensetzung der untersuchten Blutstropfen zurück, die ihrerseits durch abnorm labile Vasomotorenaktion während der Blutentnahme zur Untersuchung zu erklären wäre.

Von den Noxen, die das Blut dem Nervensystem zuführen kann und deren deletäre Wirkung auf das letztere je nach der Kombination der übrigen Tonuskomponenten mehr oder weniger deutlich sich zeigen, sind in erster Linie die exogenen Gifte zu nennen. Es ist bekanntlich geradezu ein Stigma der Neurasthenie, daß die Patienten „keinen Alkohol ertragen" und daß das Rauchen ihnen schlecht bekommt, selbst wenn sie früher weder Alkohol- noch Tabakabstinenten gewesen sind. Über Neurasthenie nach Vergiftung mit Gasen berichtet Snoy, der Berufsfeuerwehrleute mit neurasthenischen Symptomen erkranken sah, nach- Exogene Gifte dem sie Kohlenoxydeinwirkungen ausgesetzt gewesen waren. Ebenso führt Stierlin einen großen Teil der neurotischen Symptome bei den Récapés von Courrière auf Kohlenoxydwirkung zurück. Durch Einatmung von Xyloldämpfen entstandene Neurasthenie will Rosenblath beobachtet haben. Daß anderweitige Intoxikationen bei Gewerbetreibenden Neurasthenien erzeugen können, wird namentlich durch französische Beobachter öfters belegt.

Stoffwechselgifte

Große Wichtigkeit in der Genese der Neurasthenie wird von vielen Seiten den Abbauprodukten des Stoffwechsels zugeschrieben. Besonders häufig wird die Nahrung, die den Purinstoffwechsel in besonderem Grade in Anspruch nimmt, schädlicher Einwirkung auf das neurasthenische Nervensystem angeklagt. Eine Verwandtschaft zwischen arthritischer und neuropathischer Disposition gilt in der französischen Literatur schon seit langem als nachgewiesen. Unzweifelhaft beeinflussen das Nervensystem vieler Individuen in ungünstigem Maße chemische Stoffe, die nach Obstipation entstehen und die man in Ermangelung genauerer Kenntnis vielfach als Darmtoxine bezeichnet. Kopfschmerz, Druck „hinter den Augen", objektiv nachweisbare passagere Akkommodationsstörungen u. dgl. sind die Äußerungen, die man auf solche Einwirkung zurückführt. Lange Zeit hat die Glénardsche Enteroptose als eine Hauptursache der Neurasthenie gegolten. In ihrer Exklusivität ist diese Hypothese, wonach Atonie des Magendarmkanals und folgerichtige Darm„vergiftung" des Nervensystems das primum nocens der Neurasthenie sei, heute natürlich nicht mehr haltbar. Es heißt aber das Kind mit dem Bade ausschütten, wenn man jeglichen Anteil der durch Atonie entstandenen Stoffwechselstörung an der Entstehung der Neurasthenie verkennen will.

Schließlich seien die Gifte der inneren Sekretion namhaft gemacht, über deren Anteil an den feinen Schädigungen des asthenischen Nervensystems wir freilich noch wenig Verwertbares wissen. Deshalb mag genügen, daran zu erinnern, daß man den Ausscheidungen der Thyreoidea, Parathyreoidea, der Nebennieren, der chromaffinen Substanz überhaupt weitgehende Wahlverwandtschaft zum Nervensystem teils nachgewiesen, teils vermutungsweise zugeschrieben hat. Ein besonderes Interesse verlangen in dieser Beziehung die Hypothesen von Jastrowitz und Löwenfeld über die innere Sekretion der Genitaldrüsen. Ersterer nennt Stoffe, die aus den Keimdrüsen stammen und im Blute kreisen sollen, erogene, letzterer Autor, in engerer Fassung, libidogene Körper. Löwenfeld macht auch auf die wahrscheinliche Korrelation zwischen solchen Stoffen und der Thyreoideafunktion aufmerksam. Es ist nicht unwahrscheinlich, daß diese Hypothesen manche Erscheinungen der Sexualneurasthenie

Innere Sekretion

erklären können. Es sei nur an die Exacerbation neurasthenischer Zustände zur Zeit der Menses bei Frauen und gewisse periodische Schwankungen des Befindens bei sexualabstinenten Neurasthenikern erinnert.

Die beiden Grundphänomene der Neurasthenie. Ihre Größenordnung

In einer relativen Wehrlosigkeit der Neurone gegen schädigende Reize auch anderer als psychischer Provenienz sehe ich ein Charakteristikum der Neurasthenie, ein Stigma, das dem psychischen Stigma koordiniert ist. Beiden Kategorien der Neurasthenieäußerung ist gemeinsam ihre Rückfahrbarkeit auf dieselbe Art physiopathologischer Tonusveränderung von Neuronen.

Dabei verhehle ich mir die Schwierigkeit nicht, im einzelnen Falle die Größenordnung der beiden Grundphänomene der Neurasthenie zu erkennen. Wir können von ihr nur das eine in jedem einzelnen Falle behaupten, daß sie nicht eine konstante ist. Denn psychische und außerpsychische Komponente der Tonusstörung im ganzen Nervensystem bilden zu einem wesentlichen Teil einen circulus vitiosus. Wenn der Neurastheniker aus psychischen Gründen Dyspeptiker wird — kürzlich sind von Dreyfuß solche Fälle aus der Heidelberger Klinik für innere Medizin publiziert worden, — so leidet die Chemie der Ernährung seines ganzen Organismus, so auch des Nervensystems. Dieses aber wird entsprechend der Anomalie der chemotonischen Komponente in seiner Erregbarkeit geschädigt, auch in den Teilen, die der Innervation der Digestivdrüsen und -muskeln vorstehen usf. Der Hauptgrund der Schwierigkeit der Feststellung dieser Größenordnung liegt darin, daß bei der herabgesetzten Reizschwelle in den peripheren und zentralen Neuronen viele Reize im neurasthenischen Nervensystem höher zentralwärts geleitet werden, als unter normalen Verhältnissen, in denen sie unbewußt bleiben. Eine weitere, ebenfalls wichtige Schwierigkeit liegt darin, daß sich die in höhere Bewußtseinsstufen eingedrungenen Organempfindungen dort assoziativ verankern können, so daß ihre Erinnerung von anderen Sphären des Nervensystems aus kann wachgerufen werden, als nur von den entsprechenden Organen aus. Es kann aber zufolge assoziativer Verknüpfung mit Sinnesempfindungen nicht nur die Erinnerung an Organempfindungen, sondern auch die Tätigkeit der betreffenden Organe angeregt werden. Die neuen Versuche von Pawlow, der Dressurexperimente von Kalischer, der Versuch Bogens mit einem Magenfistelkind weisen darauf hin, wie eminent wichtig die von Bickel sogenannten bedingten Reflexe für die funktionellen Störungen des Nervensystems werden können. Bickel versteht unter unbedingtem Reflex den nervösen Mechanismus, der in Funktion tritt, wenn z. B. bei einem Hund die Speicheldrüsen sezernieren, wenn bestimmte

Die bedingten Reflexe

Reize die Mundschleimhaut treffen. Ein bedingter Reflex dagegen tritt in Aktion, wenn man einen unbedingten häufig wiederholt und gleichzeitig mit der Reaktion auslösenden Reizung einen anderen Reiz (Olfactorius-, Opticus-, Acusticus-, Haut-Reize usf.) einwirken und später nur diesen zweiten Reiz, ohne Mitwirkung des primären (adäquaten) fortwirken läßt.

Für unsere Betrachtung besonders interessant ist der Nachweis, daß der Reiz, der einen bedingten Reflex auslösen kann, nicht notwendigerweise bewußt geworden zu sein braucht. —

Tropismen und Nervenfunktion

Die moderne Tierpsychologie beschäftigt sich lebhaft mit der Frage der Tropismen. Loeb hat nachgewiesen, daß, wenn niedere Lebewesen einem bestimmten chemischen Milieureize ausgesetzt werden, sie dann auf andere Reize, z. B. auf Lichtreiz total anders reagieren, als vor der Einwirkung des chemischen Agens. Von den Tropismen der niederen Tiere bis zu den psychischen Funktionen des Menschengehirns ist ein weiter Weg. Aber sind nicht schon deutliche Marksteine auf der Strecke gesteckt mit den eben zitierten experimentellen Erfahrungen an höheren Tieren? Ist der Anschluß an das Verständnis für die dynamischen Vorgänge bei der Assoziation, der psychischen Hemmung, der Perseveration und all der anderen präziseren psychologischen Begriffe nicht denkbar und sogar naheliegend? Wir müssen uns bloß von der pathologisch-anatomischen Anschauungsweise emanzipieren und im Neuron nicht nur das starre Leitungsmittel sehen, als das uns die Hirnphysiologie im Entwicklungsstadium der Lokalisationsprobleme das Nervenelement ausgestellt hat.

Der Begriff des Neuronotonus wird dazu die Vermittlung bieten. Das Studium der neurasthenischen Erscheinungen kann uns dabei ebensoweit führen, als das irgendeiner organischen oder einer anderen psychoneurotischen Erkrankung — vielleicht noch weiter, weil der Zustand fließende Übergänge zur Norm aufweist.

II.

Die bisher gewonnene Definition

Im vorigen Abschnitt ist versucht worden, eine Auffassung der Neurasthenie als einer Krankheitsentität darzulegen. Danach wäre ihre physiopathologische Grundlage eine Störung einer oder mehrerer oder aller Komponenten der Erregbarkeit der Nervenzellen. Diese Störungen sind der Ausdruck eines abnormen Tonus der Neurone. Die Ursachen der chronischen Abweichung vom optimalen Tonus können zum Teil in der Struktur der Neurone präformiert sein (Disposition), sie müssen aber immer, selbst im Falle der konstitutionellen Neurasthenie, auch aus der Nachwirkung von Reizen entstehen, die nach Quantität, Qualität, Dauer und Kombination tonusschädigend gewirkt haben. Die Tonusanomalie ist bei der Neurasthenie in allen Neuronen anzunehmen, aber nicht in allen gleich stark ausgeprägt, nach ihrem Vorwiegen in einzelnen Neuronprovinzen unterscheiden sich die klinischen Unterarten der Krankheit. Diesen allen gemeinsam aber ist eine Schädigung des Tonus der höchstdifferenzierten Neurone, deren Funktion das psychische Geschehen involviert. Die neurasthenische Anomalie der Psyche betrifft die ober- und unterbewußten Sphären, erstere durch übernormal ausgedehnte Depression der logisch- und affektiv-kritischen Fähigkeiten, letztere durch Begünstigung der Bildung gefühlsbetonter Komplexe von relativer Tenacität.

Abgrenzung gegen die Norm

Der Einwand liegt nahe, daß diese Definition nur mit Relationen operiere und deshalb insbesondere eine Abgrenzung gegenüber der Norm nicht ermögliche. Er trifft Tatsächliches: eine scharfe Trennungslinie zwischen normaler Ermüdung und neurasthenischer Erschöpfung ist nicht zu ziehen, selbst dann nicht, wenn wir die längere zeitliche Ausdehnung der letzteren und die zögernde Restitutionstendenz als Kriterium hervorheben. Es handelt sich um Vergleichsbegriffe und es ist vielfach Sache des Gefühls, wo man den einen Zustand aufhören und den anderen anfangen lassen will. Diese Unbestimmtheit wird so lange dauern, bis wir auf einen Normalkanon uns berufen können. Bislang aber fehlt er uns für die somatischen wie für die psychischen Leistungen des Nervensystems. Auf ein subjektives Merkmal der Neurasthenie mag indes an dieser Stelle hingewiesen werden, da es für die Entscheidung: physiologische Ermüdung oder krankhafte Erschöpfung? gelegentlich von Wert sein kann: das subjektive Krankheitsgefühl, das der Neurastheniker hat, das dem Normalen aber auch im ermüdeten Zustand fehlt. Freilich ist auch dieses Unterscheidungsmerkmal weit davon entfernt, für alle Fälle zuverlässig zu sein — fehlt es doch bei vielen ausgesprochenen Neurasthenien dann, wenn eine anderweitige stark gefühlsbetonte Vorstellung die Psyche beherrscht. Auch gibt es Menschen mit dem Gefühl des Krankseins, — sind es die wahren Malades imaginaires? — denen irgendwoher der ungerechtfertigte Gedanke aufoktroyiert worden ist, sie könnten am Ende krank sein, und die man höchstens deswegen als einer leisen Abweichung von der Norm verdächtig erachten kann, weil dieser Gedanke bei ihnen haften konnte. Ein Komplex aus der Tiefe streckt ihm einen Haken entgegen. Ist er also doch schon krank? Der Entscheid kann immer nur arbiträr ausfallen.

Zur Ergänzung der obigen Definition ist indes einer weiteren Eigenschaft der Neurasthenie hier ebenfalls noch zu gedenken, nicht weil sie ihr eigentümlich ist, sondern weil auch hierin diese Krankheit eine Mittelstellung zwischen Norm und schwerer Psychopathie einnimmt. Es ist dies der oscillierende Verlauf, der in gut beobachteten Fällen wohl stets bei den Neurasthenien, namentlich auch während des Stadiums der Besserung, bzw. der Genesung festgestellt werden kann: gute Zeiten wechseln mit solchen entschieden schlechten Befindens. Die Oscillation kann sich eventuell auch nur mit Bezug auf einzelne Symptome, z. B. den Schlaf, nachweisen lassen. Die Dauer der einzelnen Schwankungsphasen ist sehr verschieden und nicht notwendigerweise beim gleichen Individuum immer gleich.

Haben diese Schwankungen im Befinden ihren Grund in den periodischen Schwankungen des psychischen Lebens überhaupt, auf die Fließ, Swoboda u. a. die Aufmerksamkeit gelenkt haben? Es ist äußerst wahrscheinlich, so wahrscheinlich wenigstens wie die Hypothese dieser Periodizitäten im normalen Leben selbst.*)

Der Tatsache der psychischen Oscillationen werden wir wieder begegnen, wenn die Diffentialdiagnose der Neurasthenie zu anderen Krankheiten zur Sprache kommt.

Aus der oben skizzierten Auffassung der Neurasthenie ergeben sich nun doch einige wesentliche Gesichtspunkte für die Diagnostik, die im folgenden näher betrachtet werden sollen. Diagnostische Gesichtspunkte

Dabei sei zunächst die praktische Frage berücksichtigt: Welche klinischen Befunde berechtigen uns demnach zur Diagnose der Neur-

*) Wer öfters erlebt hat, daß er z. B. nach einem Konzert, in welchem er ein Musikstück zum erstenmal gehört hat, nicht imstande ist, die gesuchte Melodie zu reproduzieren, dann aber etwa 18 Stunden später plötzlich unversehends von ihr mitten in einer anderen Beschäftigung überrascht wird, der hat eines der überzeugendsten Periodizitätphänomene an sich konstatiert und wird seine Skepsis gegenüber dessen „freisteigenden“ Vorstellungen höchstens für die Interpretation ihrer Entstehungsmöglichkeiten reservieren.

asthenie? Sodann mögen einige Vorschläge für einen befriedigerenden Ausbau der Semiotik der Krankheit der Kritik der Leser vorgelegt werden.

Das Paradoxon, daß jede aufgestellte Diagnose das größte Hindernis sei, den einzelnen Fall richtig zu erfassen — weil sie, wie jede Abstraktion eine Entspannung der beobachtenden Aufmerksamkeit bedeutet —, dieses Paradoxon hat nirgends mehr Berechtigung, als wenn es uns vor der voreiligen Diagnose der Neurasthenie warnt. Es ist unnötig, aufzuzählen, was alles mit dieser Etikette versehen wird und nachher sich als etwas ganz anderes entpuppt. Wichtiger ist, den Gründen solcher Irrtümer nachzugehen. Sie können zunächst in der Unzulänglichkeit der Untersuchung liegen. In vielen Fällen lädt die Menge der subjektiven Beschwerden des Patienten schon zu seiner gründlichen Durchuntersuchung ein. Aber auch wenn dies nicht der Fall ist, dürfen wir kein der Untersuchung zugängliches Organ und keine beurteilbare Funktion zu untersuchen vergessen. Wohl ist es nicht notwendig, in jedem Fall den ganzen Körper zu explorieren und in alle zugänglichen Schächte der Seele zu steigen — es wäre da, wo es unnötig ist, oft ein Kunstfehler und überdies auch zeitökonomisch unmöglich. Aber die Unterlassung irgendeiner Komplettierung des Krankenexamens ist nur dann gerechtfertigt, wenn sie bewußt und überlegt geschieht. Denn die Neurasthenie ist zurzeit fast nur per exclusionem zu diagnostizieren.

Aber die Ausschließung muß eine vollständige sein, denn die Neurasthenie kann das Vorläuferstadium und kann Begleiterin einer organischen Erkrankung, sei es des Nervensystems, sei es anderer Organe, sein. Aus dem ersteren Grunde ist es auch notwendig, die Diagnose einer länger dauernden Neurasthenie immer wieder zu revidieren durch Nachuntersuchung des Patienten auf eventuelle Zeichen, die den Rahmen der gestellten Diagnose überschreiten. Es ist Sache der psychotherapeutischen Geschicklichkeit, diese wiederholten Revisionen nicht beängstigend und vertrauenraubend, sondern beruhigend wirken zu lassen.

Die Differentialdiagnose der Neurasthenie gegen Vorläuferstadien organischer Krankheiten ist am schwierigsten, wenn vager Verdacht auf beginnende progressive Paralyse oder auf einen an „stummer" Hirnstelle wachsenden Hirntumor meldet.

Progressive Paralyse

Bei Fehlen der Pupillenstarre und der anderen klinischen Zeichen der progressiven Paralyse waren wir bislang nur auf die Feinheiten der psychischen Untersuchung angewiesen, deren Aufzählung die Autoren gewöhnlich mit dem Geständnis schließen müssen, daß trotz alledem in gewissen Fällen der Entscheid eine Zeitlang nicht mit Sicherheit zu treffen sei. Hoffnungen, die in dieser Beziehung auf das Assoziationsexperiment (s. u.) gesetzt worden sind, müssen nach meinen Erfahrungen fallen gelassen werden. Diese Untersuchung fördert bei zweifellos Paralytischen in Frühstadien Resultate zutage, die m. E. nichts Pathognomonisches erkennen lassen. Gewarnt werden muß auch vor dem Kriterium der subjektiven Stellungnahme des Patienten zu seiner Krankheit. Es gibt viele Paralytiker, die weit davon entfernt sind, im Vorstadium ihrer Krankheit ihren Zustand mit der Gleichgültigkeit oder gar der Euphorie zu tragen, die ihre spätere psychische Verfassung charakterisiert.

Auch ist die Sprachstörung, die wir beim paralyseverdächtigen Deutschsprechenden mit der „dritten reitenden Gardeartilleriebrigade" zu attackieren pflegen, bei weitem nicht Monopol der Paralytiker. Nur wenn sie in schweren Formen der Dysarthrie ohne Eigenkritik vorliegt, kann man sie nicht mehr in das Bereich des „Versprechens" zählen, das viele Neurastheniker schon deshalb bei der Sprachprüfung aufweisen, weil sie eben darauf geprüft worden sind. Aber dann sind gewöhnlich die ausschlaggebenden körperlichen Symptome der Paralyse schon unmißverständlich vorhanden.

Aus der Vorgeschichte des Paralyseverdächtigen ist das Wesentlichste die Frage nach konvulsiven oder apoplectiformen Attacken, die bei der Neurasthenie nicht vorkommen.

Günstige Aussichten für die Präzision der Differentialdiagnose Neurasthenie oder progressive Paralyse eröffnen die modernen Nachweise der ehemaligen luetischen Infektion. Inwieweit die Wassermannsche Reaktion in dieser Beziehung eindeutige Resultate ergibt, bleibt abzuwarten. Falls sie die Frage scharf entscheidet, ob ein Individuum je einmal mit Spirochäten infiziert worden ist, so beantwortet sie damit freilich die uns hier interessierende Spezialfrage nicht. Denn es gibt genug Neurastheniker, von denen wir wissen, daß sie luetisch gewesen sind, und wenn uns ein solcher Fall vor das Problem stellt, ob sein Zustand eine beginnende Paralyse sei, hilft die biologische Bestätigung der Infektion nichts. Mehr können wir von der neuen Untersuchung des Liquor cerebrospinalis erwarten. Es scheint doch bei der schon stattlichen Kasuistik recht wahrscheinlich, daß das Auftreten der Globulinvermehrung (Phase I-Reaktion) und einer Pleocytose ein Zeichen einer organischen Anomalie im Nervensystem eines einmal luetisch infiziert Gewesenen bedeutet. Freilich warnen gerade die Untersucher mit der größten Erfahrung vor einer voreiligen Einschätzung der Entscheidungskraft dieser Untersuchungsmethoden. — Über auf Grund der Untersuchung des Liquor cerebrospinalis und der Wassermannschen Reaktion konstatierte Fälle von Hirnlues, die wegen negativer Anamnese mit Neurasthenie verwechselt und nach entsprechender Behandlung prompt geheilt worden waren, ist kürzlich von Marbé berichtet worden.

Hirntumor

Für die Entscheidung, ob Neurasthenie oder Hirntumor an stummer Stelle, gilt, wenn die klassischen Symptome eines raumbeschränkenden Herdes noch fehlen, immer noch nur die allgemeine Regel, daß man stets wieder nach den Symptomen suchen soll, die auf den Hirntumor hindeuten, wenn Veranlassung zu einem solchen Verdacht — vor allem besonders heftiges Kopfweh dazu auffordert. Diese Sachlage ist nicht verändert durch die Einführung der neuen Exploration des Schädels durch die Hirnpunktion. Denn einstweilen entschließen wir uns zu dieser Maßnahme nur zur Sicherung der Lokal- und Artdiagnose eines im übrigen jedoch schon mit guten Gründen vermuteten Tumors.

Das gänzliche Fehlen der „Allgemeinsymptome" des Hirntumors, das ja öfters signalisiert wird — aber meistens in Fällen, da der Tumor in der Zentralwindungsgegend saß, wo er sich glücklicherweise schon früh durch Lokalsymptome verrät — dieses Fehlen hat just für unsere Differentialdiagnose keine entscheidende Bedeutung, da eben jene Allgemeinsymptome es sind, die gegebenenfalls eine Neurasthenie vortäuschen können.

Arteriosklerose

Die Neurasthenie als Begleiterscheinung ist

besonders häufig neben Arteriosklerose zu beobachten, vielleicht deshalb, weil die gleiche Noxe Gefäße und Nervensystem zugleich im Laufe der Zeit schädigt. Lokalisiert sich die Gefäßerkrankung im Gehirn in isolierter Ausprägung, so ist die Diagnose nicht leicht zu stellen. Blutdruckmessungen am Arm oder am Finger geben in solchen Fällen Resultate von nur relativem Wert. Haben wir dagegen Anhaltspunkte für die Diagnose einer Arteriosklerose, die wir mit gutem Gewissen aus Herzhypertrophie und akzentuiertem zweitem Aortenton deduzieren — bei einem Neurastheniker, so entspricht es der üblichen Ausdrucksweise, den Zustand nach der organischen Erkrankung zu benennen. Die Rubrizierung eines solchen Patienten unter die Arteriosklerotiker ist aber nur dann zu rechtfertigen, wenn das funktionelle Übel darüber nicht vergessen wird, zumal da es in solchen Fällen wohl meistens das ältere ist.

Orschansky hat eine „Pseudoarteriosklerose“ beschrieben, einen Zustand, bei dem Rigidität der Arteria brachialis und radialis eine echte Arteriosklerose vortäuscht. Denn diese Starrheit des Arterienrohres ändere sich nach der Lage des Armes, verschwinde zuweilen bei vertikal erhobenem Arm, nehme zu bei gesenktem, sie sei meist auf einer Körperhälfte deutlicher als auf der anderen. Dabei ergebe die Tonometrie herabgesetzte Werte, besonders auf der Seite, wo die Rigidität erscheine. Solche Befunde erhob der Autor bei konstitutioneller Neurasthenie, nicht aber bei erworbener.

Dementia praecox

Die psychische Untersuchung im Verdachte der Neurasthenie stehender Patienten ergibt das Material zur Differentialdiagnose gegenüber der Dementia praecox — Schizophrenie nach Bleuler — Hysterie, der Cyklothymie und den anderen Nachbargebieten. Gegen die ausgeprägten Formen der zwei ersteren Krankheiten ist die Grenze gezogen mit der Feststellung der gröberen Diaschisisphänomene, die ja freilich zum Teil schon bei der körperlichen Untersuchung zutage treten: Lähmungen, Kontrakturen und Konvulsionen auf motorischem, fixierte Anästhesien auf sensoriellem Gebiet gehören nicht zu dem Bilde der Neurasthenie. Gegen alle anderen Psychoneurosen, die zwei genannten insbesondere, grenzt sich die Neurasthenie ab durch den Befund bei der Erforschung des Unterbewußtseins. Finden sich dabei Komplexe von mehr oder weniger totaler Unzugänglichkeit für die Logik des Oberbewußtseins, so handelt es sich um eine der schwereren Formen; zeigen die Komplexe Äußerungen, die der eigenen Logik des Patienten sich beständig als Unbegreiflichkeiten aufzwängen, so dürfte darin das Kriterium der Angst- und Zwangsneurosen liegen. Die neurasthenischen Komplexe dagegen sind in der Großzahl bei geeigneter Behandlung einer logischen Beeinflussung zugänglich. Der Übergang zu den schwereren Formen ist ein fließender. Täuschungen ist man hier besonders ausgesetzt in den ungemein häufigen Fällen von Remissionen einer Dementia praecox, besonders wenn diese selbst in ihren Exacerbationen nicht sehr ausgeprägt ist. Es mag daher am Platze sein, zunächst auf diese Differentialdiagnose besonders einzutreten. Das Jahr 1909 brachte die Nachricht, daß ein serologisches Kriterium für die Dementia praecox und andere schwere Psychopathien gefunden worden sei — ein biologisches Unterscheidungsmerkmal also gegenüber einfachen Neurasthenien. Nach Much und Holzmann soll das Serum der an dieser Krankheit Leidenden die Blutkörperchen lösende Wirkung des Kobragiftes hemmen, was dasjenige Normaler nicht tut. Was sich an dieser — wenn sie richtig ist, auch theoretisch immens wichtigen — Entdeckung (chemotonische Komponente!) als unanfechtbar erweisen wird, bleibt abzuwarten. Einwände von Nachuntersuchern sind schon jetzt namhaft gemacht worden, u. a. auch der, daß die Reaktion auch bei anderen Gehirnerkrankungen und selbst Neurosen nicht immer fehle. Einstweilen sind wir also auf die klinische Beobachtung zur Entscheidung der Diagnose angewiesen. Wenn Halluzinationen oder Illusionen bei einem Patienten nachweisbar sind, denkt niemand mehr an eine Neurasthenie. Anders wenn seine Klagen zunächst der landläufigen Art sind, wie wir sie bei jedem Neurastheniker täglich zu hören bekommen.

Ein junger Bankbeamter, dessen Vater ein Potator strenuus gewesen, bisher gesund, sehr tüchtig und von seinen Vorgesetzten geschätzt, erzählt in der ersten Konsultation, er sei müde, schlafe schlecht, könne nicht mehr recht arbeiten, halte es in der Bureauluft nicht mehr aus und möge nicht mehr recht essen. Aus letzterem Grund habe er es an einigen Kostorten der Reihe nach versucht. Aber jetzt gehe es überhaupt nicht mehr. Die körperliche Untersuchung ergibt außer lebhafter Vasomotorenreaktion, erhöhten Sehnenreflexen und leichter Divergenz der Bulbi nichts von Belang — die Konsultation wird abgeschlossen mit dem Rat, u. a. um Ferien einzukommen und nachher die Arbeit ruhig wieder aufzunehmen. Einige Tage nach Wiederbeginn der Tätigkeit stellt sich der Mann wieder in der Sprechstunde ein und schildert Unzulänglichkeiten in dem Bureau, in dem er arbeiten müsse. Da sei von einer neuerlichen Reparatur her ein Loch in der Mauer über seinem Pult. Daraus blase es ihm von Zeit zu Zeit Staub auf seinen Arbeitsplatz und das irritiere ihn. Bis hierher wäre mit der Diagnose eines reizbaren, noch nicht genügend ausgeruhten überarbeiteten Neurasthenikers auszukommen. Aber schon meldet sich ein Verdacht, wenn jetzt der Kranke eine äußere störende Ursache schildert, und zwar mit einer Ausführlichkeit, die zu den summarischen Angaben in der ersten Unterredung in starkem Gegensatz steht. Mit einem Schlag erhellt sich das Bild, sobald dann der Patient fortfährt: „nämlich, ich glaube auch aus anderen Beobachtungen zu merken, daß an dieser Mauerangelegenheit die Freimaurer schuld sind“ — und vollends, als dann die ganze Serie von paranoiden Wahnideen vorgebracht wird, die sich für den jungen, in einer politisch bewegten Stadt lebenden Katholiken um den Begriff des Freimaurers herum gruppiert: man vergifte ihm sein Essen, deshalb habe er immer den Kostort wechseln müssen usf. War er für die Überlegungen, die in der ersten Besprechung zur Diskussion kamen, durchaus zugänglich, so fehlt ihm nun diesen Vorstellungen gegenüber jegliche Kritik: die Wurzeln seiner nun zutage getretenen Störung sind viel zu tief unter der Schwelle des Bewußtseins, als daß die Logik ihnen beikommen könnte. Es mag darauf hingewiesen werden, daß eine Assoziation Mauer-Freimaurer auch einem normalen Träger eines „Freimaurerkomplexes“ naheliegen kann. Diesem Normalen aber sträubt sich sofort der Sinn für die Realität gegen ein Festsetzen und Mächtigwerden einer solchen Vorstellungsagglutination.

Ein 25jähriger Kaufmann, von seinem Arbeitgeber wegen seiner Fähigkeiten und seines Fleißes sehr geschätzt, verfällt in deprimierte Stimmung. Er kommt nicht spontan zum Arzt, sondern muß von den Anverwandten dazu halb gezwungen werden. Die Anamnese ist von ihm nur so weit mit Leichtigkeit zu erheben, als sie sich nicht einem Freundschaftsverhältnis zu einem gleichaltrigen Techniker nähert. Geschieht dies, dann bekommt der Patient einen abwesenden Gesichtsausdruck und antwortet höchstens mit einem Seufzer. Nach langer Bemühung ist im Lauf von mehreren Unterredungen herauszubringen, daß jener Freund sich eine offenkundige homosexuelle Neigung des Patienten, die bislang angeblich keine strafbaren Exzesse zur Folge gehabt hatte, zum Entlehnen großer Geldsummen benutzt hatte. Es wird mit einiger Mühe erreicht, daß der Patient sich von diesem Vampyr losmacht und die nötigen Schritte tut, um sich die beträchtlichen geliehenen Summen zu sichern. Kaum ist dies geschehen, so sucht er trotz allem den Kameraden wieder auf und hält ihm Reden über die verlorene Freundschaft und droht, sich zu erschießen. Der Rat, den Patienten jetzt sofort unter beständige Kontrolle zu stellen, wird von den Angehörigen vernachlässigt und dieser begeht Suizid durch Sturz aus dem Fenster.

Auch hier die Kritiklosigkeit des im übrigen intelligenten Patienten, der einem stark gefühlsbetonten Komplex gegenüber gänzlich und dauernd machtlos ist. Dazu zeigt dieser Fall als zweites die schwere Zugänglichkeit schon der obersten Schichten dieses letzteren für den Untersucher. Dies ist der charakteristische Schutz des schizophrenen Komplexes vor der Außenwelt. Er ist nur mit einer intimeren Exploration zu durchbrechen.

Zwangs- und Angstneurosen

In mehr als einer Beziehung bilden hierzu die Zwangs- und Angstneurotiker das Gegenstück, die m. E. nicht mehr zur einfachen Neurasthenie gerechnet werden dürfen, da auch bei ihnen das Mißverhältnis zwischen Ober- und Unterbewußtsein, mit Bezug auf die krankhaften Ideen das Maß der neurasthenischen Störung überschreitet. Der Zwangs- und Angstneurotiker kann, wenn seine Intelligenz genügend entwickelt ist, stets seine krankhaften Ideen kritisieren. Er findet sie, ohne daß man ihn darauf aufmerksam zu machen braucht, je nach ihrem Inhalt, blödsinnig, töricht, ungerechtfertigt, unproportioniert. Er ist auch ohne weiteres bereit, spontan, womöglich gleich zu Anfang der ersten Unterredung seine Zwangsideen zu offenbaren. Er unterscheidet sich also vom Schizophrenen dadurch, daß er nicht schon die obersten Deckschichten seines krankmachenden Komplexes schützt. Zu diesem selbst zu gelangen, ist dann freilich auch nicht leicht.

Alle die eben genannten Zustände können reichlich mit neurasthenischen Symptomen: Herzklopfen, Schwindel, Kopfdruck, Übelkeiten, Schlafstörungen usf. verbunden sein. Aber auch hier darf über diesen Irradiationen die zentrale, die neurasthenische Seelenstörung überragende psychische Anomalie nicht übersehen werden: die Diagnose muß sich nach der Größenordnung der Symptome richten. Es gibt übrigens auch Zwangsneurotiker, die ohne nennenswerte neurasthenische Begleiterscheinungen bleiben.

Cyklothymie

Erhebliche Schwierigkeit kann gelegentlich die sichere Abtrennung der Neurasthenie von den Übergängen zu dem manisch-depressiven Irresein machen, welche unter dem Namen der Cyklothymie beschrieben worden sind. Man versteht darunter die psychopathischen Zustände, deren Charakteristikum ein stark oscillierender Verlauf aus einer angeregten in eine deprimierte Stimmung, ohne genügend erklärende äußere Veranlassung ist — ein Verlauf also, wie er eben im manisch-depressiven Irresein seine volle Ausprägung aufweist.

Es sind die verschiedensten Abstufungen dieser Affektion beschrieben worden. Die leicht hypomanischen Stadien bekommt der Arzt selten zu sehen; der Patient sucht ihn gewöhnlich nur in den Zeiten der Hemmung auf. Die Schilderungen, die man dann von ihm zu hören bekommt, sind verschieden: mir ist, als ob ich plötzlich alles durch einen Schleier sähe, wie wenn ich auf einmal nicht mehr ordentlich denken, arbeiten, in mich aufnehmen könnte. Andere Kranke sind von unbestimmten vagen Todesgedanken heimgesucht, die ebenfalls unversehends sie überfallen, eine Zeitlang dauern und dann ebenso unerklärterweise verschwinden. Oft zwar ist vor dem Beginn einer deprimierten Phase eine äußere Veranlassung leicht nachzuweisen: eine Überanstrengung, Nachtwachen, Exzesse. Aber man hört von den gleichen Patienten nicht selten, daß sie in der beschwerdefreien Zeit, d. h. wohl meistens im hypomanischen Stadium dergleichen Belastungen ohne Nachteil durchmachen. Freilich ist bei diesen Einwänden an die summierende Wirkung von Schädlichkeiten auch zu denken.

Exploriert man den deprimierten Zustand, so ist zunächst immer festzustellen, daß er nicht die Reaktion auf eine äußere Dauerursache sei — die Sorgen, die den Patienten tatsächlich zu gleicher Zeit plagen könnten, lassen ihn gewöhnlich recht ruhig — die Trauer um Angehörige oder dgl. reelle Ursachen sind entweder nicht vorhanden, oder nicht im Verhältnis zu der deprimierten Stimmung. Der niedergedrückte Cyklothymiker weiß nicht, was ihn plagt. Es sind vor allem nicht etwa die Versündigungswahnideen der Melancholie. Es ist auch nicht ausgeprägter Kleinheitswahn. Der Patient hat einen gewissen normalen Maßstab der Kritik gegen seine Stimmung. Er findet es unbegreiflich, wie ihn Hindernisse hemmen können, deren er sonst spotten würde, es ist ihm eine Überraschung, daß er, der vielleicht sonst reserviert, schlagfertig und zielsicher ist, nun wegen jedem Musikstück, das er hört, gerührt, jeder Situation gegenüber unentschlossen und so unsäglich unsicher sein kann. Das Auffälligste aber ist für ihn selbst und die Beobachter die jähe Kurve, in der sein Zustand sich ändert. Und darin dürfte meines Erachtens der charakteristische Unterschied gegenüber der Neurasthenie liegen: in der Steilheit der steigenden und fallenden Ordinaten dieser Kurve. Gewiß ist auch hier — wie andererseits zwischen den normalen und den neurasthenpsychischen Oscillationen — nur ein gradueller Unterschied und für den einen oder anderen Arzt mag schon ein kleinerer Steilheitswinkel zur Diagnose der Cyklothymie genügen.

Zweifellos ist auch der cyklothymisch ausgeprägten Kurve die Diaschisiswirkung von Komplexen zugrunde gelegt.

Resümierte Differentialdiagnose

Kurz resümiert werden kann die Stellung der Neurasthenie zur Norm, zu den eben und im vorigen Abschnitt berührten psychischen Anomalien, wenn wir uns folgender Aufstellung bedienen:

Bezüglich der Ermüdbarkeit gilt die Reihe:

Norm — Neurasthenie.

Bezüglich der schweren Bewußtseinsfähigkeit, der Tenazität und der spaltenden Wirkung der Komplexe die Reihe:

Norm—Neurasthenie — Cyklothymie—manisch-depressives Irresein
Norm—Neurasthenie — Zwangs- und Angstneurose
Norm—Neurasthenie — Hysterie — Dementia praecox.

Bezüglich der Steilheit der psychischen Oscillationen:

Norm — Neurasthenie — Cyklothymie — manisch-depressives Irresein.

Die Differentialdiagnose muß, wenn also solche Möglichkeiten in Betracht fallen, von den zentralen Eigenschaften der genannten Krankheiten ausgehen. Neurasthenische Beschwerden beweisen nichts gegen die Annahme der schweren Psychopathien, ausgeprägte Symptome solcher kommen bei der Neurasthenie nicht vor. —

Neben den Überlegungen, die durch Ausschließung die Feststellung einer Neurasthenie erlauben, haben wir auf einige positive Zeichen zu achten, die von Zeit zu Zeit als Stigmata der Krankheit bezeichnet werden. Der Ausdruck verspricht zu viel, indem diese Symptome nicht den Wert charakteristischer Zeichen beanspruchen dürfen. Ihr Fehlen beweist wenig gegen die Annahme einer Neurasthenie, ihr Vorhandensein unterstützt nur die per exclusionem gestellte Diagnose. Nie dürften wir so weit gehen, aus ihrem Vorhandensein allein die Neurasthenie zu diagnostizieren.

Positive Zeichen der Neurasthenie

Solche Zeichen sind nachzuweisen in der Funktion von Endorganen und in gewissen Erscheinungen des „Allgemeinbefindens“. Zur ersteren Kategorie gehören zunächst solche, bei denen die Muskeln das Ausdrucksorgan der Tonusstörung der kranken Neu-

Rosenbachs Phänomen

rone darstellen. Hier ist in erster Linie das Rosenbachsche Phänomen zu nennen. Fordert man einen Neurastheniker auf, aufrecht, mit zusammengestellten Füßen und leicht geschlossenen Augen zu stehen, so stellt sich in der Mehrzahl der Fälle ein Flattern der Augenlider ein; Patient ist nicht imstande, die Augen ruhig geschlossen zu halten. Es ist schwer zu sagen, wäre aber eines genaueren Studiums wert, worin diese Störung ihren letzten Grund hat*).

Der müde Blick

Ein anderes Phänomen an den Augen, das bei Neurasthenikern sehr häufig zu sehen ist, besteht in der chronischen leichten Divergenz der Bulbi, die Möbius als Zeichen der Basedowschen Krankheit beschrieben hat. Es dürfte aber ein typisches Erschöpfungssymptom sein; sehen wir es doch auch beim gesunden

---

*) Am oberen Augenlid ist ein zweites, rein physiognomisches Phänomen bei Neurasthenikern — freilich nicht nur bei solchen — öfters zu sehen, wenn sie unter dem Banne unangenehmer Komplexe stehen: das obere Lid meist nur eines Auges zeigt die Konfiguration, die diesem den „stechenden Blick" verleiht: die Plica palpebrae superioris rückt in der Mitte des oberen Lidrandes so weit herunter, daß dieser von ihr überdeckt wird. Damit ist nicht zu verwechseln, was die Engländer „doubled eyes" nennen, ein Herunterhängen der Plica über den lateralen Teil des Lidrandes, was dem Auge einen klugen und durchaus nicht unangenehmen Ausdruck zu geben pflegt. Dieser stechende Blick, den ich auf eine länger dauernde Störung in der Synergie des glatten und des quergestreiften Oberlidmuskels zurückführe, habe ich öfters bei Neurasthenikern im Stadium der Genesung dauernd verschwinden gesehen.

Menschen mit ziemlicher Regelmäßigkeit nach akuter Erschöpfung, bei Soldaten nach überanstrengenden Märschen, bei Bergsteigern nach Parforcetouren, bei vielen Individuen, wenn sie gegen den Schlaf ankämpfen. Es ist für den geübten Blick sofort zu erkennen. Von einem echten Auswärtsschielen unterscheidet es sich durch die erhalten gebliebene Möglichkeit, zu konvergieren. Freilich ermüdet diese Anstrengung schnell, so daß der Patient nur schwer längere Zeit einen nahen Punkt fixieren kann. Dieses Phänomen dürfte mit ein Grund sein, weshalb viele Neurastheniker nicht oder nur ganz beschränkte Zeit lesen können; wahrscheinlich aber nicht der einzige, da vorübergehende akkommodative Störungen bei Neurasthenie, beispielsweise nach Obstipation, nicht selten beobachtet werden.

Fibrilläre Zuckungen

Ein Phänomen seitens der Skelettmuskeln, das Neurastheniker nicht selten aufweisen, sind fibrilläre Kontraktionen einzelner Muskelbündel. Besonders oft sind die Gesichtsmuskeln der Sitz dieser Erscheinungen. An denjenigen der Extremitäten und des Rumpfes können die irregulären Kontraktionen bis zum sogenannten Muskelwogen sich steigern. Von den ominösen Muskelzuckungen der beginnenden Amyotrophien unterscheiden sich diese Myokymien durch die Unregelmäßigkeit ihrer Verteilung, durch Inkonstanz, durch die elektrischen Erregungsverhältnisse und durch das Fehlen der begleitenden oder nachfolgenden Atrophien.

Auf Muskeln des Halses (Sternocleidomastoideus und die Ansätze der kurzen Muskeln am Occiput) als den Sitz von Myalgien haben Rosenbach und neuerdings Peritz aufmerksam gemacht. Diese Autoren führen einen Teil der „Kopfdruck“erscheinungen der Neurastheniker auf solche im Muskel lokalisierte Störungen zurück.

Gefäßsystem

Das Gefäßsystem als Ausdrucksorgan neurasthenischer Störungen ist von jeher der Gegenstand lebhaften Interesses gewesen. Es möge hier nur noch auf ein wenig hervorgehobenes Zeichen neurasthenischer Veranlagung in der besonderen Reizbarkeit der Arteriolen der Conjunctivae hingewiesen werden, die sich nach gestörter Nachtruhe oder nach Aufenthalt im Tabakrauch in heftigem Augenbrennen äußert. Im Gegensatz zu entzündlich bedingten Augenschmerzen verschwinden diese schnell, sobald das primum nocens wieder ausgeglichen oder aufgehoben ist.

Ein noch sehr unabgeklärtes Kapitel bilden die Puls- und Herzphänomene der Neurasthenie, so daß es richtiger ist, hier bei der jetzigen Kenntnislage nicht nach Stigmen der Krankheit zu suchen. Die Abgrenzung gegen die Formes frustes der Basedowschen Krankheit, wenn es sich um konstante Tachykardien handelt, die pathognomonische Bewertung beständiger

Bradykardien und vor allem die Einschätzung der Arythmien, bei denen man glaubt, organische Erkrankungen des Herzmuskels ausschließen zu müssen (Extrasystolen, „Ordnung in der Unordnung“) — dies alles sind Fragen, die zurzeit so sehr im Flusse sind, daß ihre Besprechung über den Rahmen dieses Essays herausreichen würde. Als bezeichnend für neurasthenische Herzstörung dürften immerhin zwei Punkte gelten: die Häufigkeit der Kombination, herzfunktionellen Störungen mit sexuellen Anomalien, auf die Löwenfeld besonders aufmerksam gemacht hat, und zweitens ihre Abhängigkeit von psychischen Vorgängen, die von intelligenten Patienten selbst konstatiert werden kann*).

*) Es sei gestattet, ein frappantes Beispiel hierfür kurz zu skizzieren: Ein 22jähriger Sexual-Neurastheniker, der durch die bisherigen, zum Teil irrtümlichen, zum Teil pessimistischen Beurteilungen seines Zustandes bis zur vollständigen Arbeitsunfähigkeit und zur beinahe gänzlich reduzierten Bewegungsunfähigkeit gelangt war, klagte u. a. hauptsächlich über ein enormes Herzklopfen bei geringen Anstrengungen. Er zähle bis zu 120—140 Pulsschlägen, mit starken Unregelmäßigkeiten, wenn er nur einige Treppentritte hinaufsteige. Nach Feststellung der Diagnose und nachdem klar geworden war, daß in dem intelligenten jungen Mann eine Menge unbenutzter psychischer Spannungen bereit lagen, wurde mit psychotherapeutischer Behandlung begonnen und im Verlauf derselben ihm die Aufgabe gestellt, einen 160 m höhergelegenen Punkt auf einem bequemen Spazierweg zu erreichen und während dieser Zeit mir einen Apparat zu einer optischen Untersuchung, für das ich sein Interesse geweckt

Auch bei den Drüsen als Endorganen sucht man vergeblich nach Stigmen der neurasthenischen Tonusstörung. Es sei nur an die Verschiedenheiten der chemischen Störungen bei der nervösen Dyspepsie erinnert.

Allgemeinbefinden

Störungen des Allgemeinbefindens, die bei der Neurasthenie so häufig vorkommen, daß sie in die Kategorie der charakteristischen positiven Zeichen gerechnet werden dürfen, sind die allerdings nicht leicht einwandfrei zu kontrollierenden Beeinflußbarkeiten durch bestimmte Reize. Zunächst gehört hierher die oben zitierte Intoleranz der Neurastheniker gegen leichte Gifte, gegen den Alkohol, gegen Nikotin in kleinen Dosen, gegen Gasbeimengungen in die Atmungsluft, wie sie etwa in altmodischen Häusern zustande kommen, wenn zu Hause geplättet, oder in modernen Wohnungen, wenn die Zentralheizung angelassen wird, die Empfindlichkeit gegen leichte Temperaturerhöhung im Schlafzimmer, oder etwa gegen schnelle Barometer-

---

hatte, auszudenken. Erst wenn er oben angelangt sei, dürfe er seinen Puls zählen. Er befolgte das Geheiß und zählte an dem Zielpunkt zu seiner Überraschung 92 Pulse. Durch das Gelingen dieser „Abklemmung" des psychischen Einflusses war die erste Bresche gelegt in das Gefüge der neurasthenischen Herzbeschwerden. Der Patient ist im Laufe der Zeit wieder zur Arbeitsfähigkeit gelangt. Er steht jetzt einem Geschäft vor. Kürzlich teilte er mir mit, er wolle eine Ballonfahrt unternehmen.

stürze, die nördlich der Alpen den Föhn zu begleiten pflegen. Gewiß ist auch bei all diesen Erscheinungen eine psychische Quote nicht zu verkennen; aber mit ihr ist nicht die befriedigende Erklärung all der Konsequenzen dieser Einwirkungen gegeben; es bleibt ein Rest von wohl in letzter Linie chemotonisch bedingter Störung der Neurone. Das deutlichste Zeichen der Neurasthenie in der Gruppe der Allgemeinerscheinungen dürfte die Empfindlichkeit gegen Schlafdefizite sein. Es gibt wohl keinen Neurastheniker, der nicht, nachdem er einige Zeit am Schlaf Abbruch erlitten hat, eine deutliche Exacerbation seines Zustandes aufweisen würde. Freilich dürfen wir auch hier den individuellen Maßstab nicht gegen einen verallgemeinernden vertauschen. Es gibt auch Neurastheniker, die mit relativ wenig Schlaf auskommen. Aber eine Beeinträchtigung dieses Quantums erträgt das neurasthenische Nervensystem nicht, ohne sofort zu reagieren. Andererseits gibt es auch eine glückliche Kategorie von Neurasthenikern, die mit einigen Stunden Schlafes über das gewohnte Quantum hinaus sich längere Zeit dauernde Erleichterung verschaffen können. Ein beachtenswertes Kriterium scheint mir auch das Erwachen des Neurasthenikers zu sein, wenn wir darunter den Übergang verstehen aus der Bewußtlosigkeit des Schlafes auf die tägliche Kulmination der Funktionsfähigkeit des Gehirns. Beim Gesunden vollzieht er sich in einer mehr oder weniger steilen Kurve*). Er beobachtet gewöhnlich, daß er in den Morgenstunden — nicht sofort nach dem Schlaf — für geistige Tätigkeit rezeptiver wie produktiver Art am besten befähigt ist. Von Neurasthenikern hört man dagegen mit Regelmäßigkeit die Klage, daß für sie der Tag erst nachmittags beginne: da seien sie leistungsfähig und blieben es bis tief in den Abend hinein. Bis dahin aber fühlt der Patient sich mehr oder weniger gehemmt, ähnlich wie der noch nicht gänzlich Erwachte. Ich stehe nicht an, diese Umkehrung der Leistungskurve während des Tages als das deutlichste Stigma der Neurasthenie zu bezeichnen.

Neue Fragestellungen

Die klinische Diagnose der Neurasthenie, für welche soeben einige hauptsächliche Gesichtspunkte hervorgehoben worden sind, hat insofern etwas Unbefriedigendes, als sie einer scharfen Charakterisierung der Krankheit nicht gerecht wird. Es sei deshalb versucht, einige Fragestellungen zu formulieren, die etwa einer künftigen experimentell-psychologischen Diagnostik der Neurose dienlich sein könnten.

---

*) Schwer affektbeladene aktuelle Erlebnisse pflegen z. B. nicht sofort nach dem Aufhören des Schlafes einem einzufallen, sondern erst nach einigen Sekunden oder Minuten. Mörike hat diese psychologische Beobachtung in einem seiner schönsten Gedichte „Das verlassene Mägdelein“ poetisch verwertet.

Wenn die Neurasthenie eine Tonusstörung der Nervenelemente ist und der Tonus sich äußert durch die Reizfolgen, so muß der Ausgangspunkt für dergleichen Untersuchungen derselbe sein wie bei jeder experimentellen Untersuchung nach der Methode der Reizverwertung. Wir haben dann in den Gleichungen mit vielen Unbekannten wenigstens eine bekannte und unter Kontrolle variable Größe: den Reiz. Freilich ist auch diese nur dann nach Qualität, Größe und Dauer abstufbar, wenn wir sinnesphysiologische Reize, nicht mehr oder doch nicht mehr in demselben Grade, wenn wir höhere psychische Reize anwenden.

Zu solchen Untersuchungen laden die Ergebnisse der Sinnesphysiologie da ein, wo der Reiz eben meßbar ist. Dazu würden die olfaktometrischen Befunde, die wir besonders Zwaardemaker verdanken, deswegen weniger geeignet sein, weil der Geruchssinn schon normalerweise eine besondere Ermüdungstendenz zeigt. Dagegen darf man von photometrischen Studien positive Resultate erwarten. Es sei nur an die Försterschen Ergebnisse der photometrischen Prüfung des Lichtsinns und an die mit dem gleichen Autorennamen verknüpften Resultate über das Ermüdungsgesichtsfeld erinnert. Indes ist bei diesen Untersuchungen die Objektivität dadurch beeinträchtigt, daß wir auf die Angaben des zu Untersuchenden angewiesen sind. Dieser Übelstand wird umgangen, Sinnesreize wenn die Antwort auf den Lichtreiz von niederen Instanzen abgegeben wird. E. Schlesinger hat solche Versuche gemacht und ist zu bemerkenswerten Resultaten gelangt. Er hat einen Pupillenprüfungsapparat gebaut, der erlaubt, eine bestimmte Lichtmenge, die eben die Schwelle der Reflexauslösung überschreitet, in einem bestimmten Einfallswinkel eine bestimmte Zeit lang auf ein Auge einwirken zu lassen und diesen Reiz in bestimmter Zeitfolge zu wiederholen. Dabei fand er, daß die Pupillen der Normalen auf gleichen, eben überschwelligen Reiz lange Zeit mit gleicher Kontraktion des Sphincter iridis antworten, während ceteris paribus diejenigen der Neurastheniker schon nach einigen Wiederholungen aufhören zu reagieren. Es ist nicht anzunehmen, daß wesentliche Fehlerquellen von anderen pupillenverengernden Ursachen hier nicht ausgeschaltet werden könnten. Eine genaue Messung der Akommodations- und Konvergenzkraft der Augen ermöglicht auf recht einfache Weise das Ophthalmodynamometer nach Landolt. Zweifellos wird dieses neue Instrument uns nicht unwesentliche Dienste zur Erkennung der neurasthenischen Ermüdung dieser Funktionsgebiete bieten.

Aus der Sinnesphysiologie des Gehöres sind mir bisher keine Experimente bekannt, die sich zu einer Anwendung für unsere Fragestellung eignen würden. Die Schwierigkeit liegt hier in der Dosierung des Reizes.

Dagegen mag bei dieser Gelegenheit betont werden, daß die Häufigkeit der mit einem schlechten Namen als Gesellschafts-Taubheit bezeichneten Gehörsanomalie bei Neurasthenikern so häufig vorzukommen scheint, daß ein kausaler Zusammenhang zwischen diesem Symptom und der Krankheit nicht unwahrscheinlich ist. Das Phänomen besteht darin, daß Menschen, deren Gehör an und für sich nicht sehr scharf ist, — die Otologen sind genötigt, in solchen Fällen meistens eine beginnende Otosklerose anzunehmen — einem Gespräch nicht folgen können, wenn mehrere Menschen zugleich reden, oder wenn dasselbe in einem rollenden Wagen, in der Eisenbahn oder sonstwo stattfindet, wo mit dem gesprochenen Worte viele andere Geräusche konkurrieren.

Es ist unwahrscheinlich, daß es sich dabei lediglich um eine periphere Affektion handle, vielmehr dürfte eine Kombination einer solchen mit zentraler Ermüdung im Spiele sein, bei der die Tenazität der Aufmerksamkeit gegenüber ihrer Vigilität (Ziehen) in dem Mißverhältnis steht, das wir auch sonst bei Neurasthenikern finden. Beweis dafür scheint mir besonders auch die Tatsache, daß dieses Phänomen sehr starken Schwankungen unterworfen ist, zuzeiten vollständig verschwindet, zuzeiten besonders allgemein nervöser Depravation sich wieder einstellt.

Statt der adäquaten Sinnesreize können auch andere experimenti causa angewendet werden. Die schon von Arndt aufgegriffene Fragestellung, ob der nervös Erschöpfte andere Erregungsverhältnisse an den elektrisch gereizten Nerven aufweise, als der Normale, ist neuerdings von Löwenthal zum Ausgangspunkt von Untersuchungen mit dem unterbrochenen Strom gewählt worden. Er stellt fest, daß die Minimalempfindung für faradocutane Reizung mit einer Erbschen Elektrode von der minimalen Schmerzempfindung ceteris paribus durch ein Intervall getrennt ist, für das die Zahlen des Induktionsschlittens einen Maßstab abgeben. Dieses faradische Intervall stelle bei Gesunden annähernd eine Konstante dar, bei gewissen Formen der Neurasthenie aber sei es bedeutend kleiner. Versuche mit galvanischer Reizung der Nerven dürften mit einer besonderen Schwierigkeit insofern rechnen müssen, als kleine Abstufungen der Erregbarkeit der Nerven in viel geringeren Amplituden schwanken, als schon in der Norm beim gleichen Individuum der Widerstand der Epidermis variiert, durch die hindurch der Strom geschickt werden soll. Vollends ist dies zu berücksichtigen, seit wir wissen, daß die Leitfähigkeit der Haut, freilich nicht an allen Stellen der Körperoberfläche gleich, abhängig ist von psychischen Einflüssen.

Eine experimentelle Variation des Mechanotonus der peripheren Nerven läßt sich denken, indem man solche Zweige, die relativ geringe Weichteilbedeckung und eine harte Unterlage haben (ulnaris an der Ellbogenbeuge, supraorbitalis), meßbarem Druck bestimmte Zeiten aussetzt und Zeitpunkt des Beginnes und Dauer der so provozierten Parästhesien bestimmt. Dazu lädt die bekannte Erscheinung ein, daß Neurastheniker schon beim Aufstützen der Hände auf die Hüfte Parästhesien im Ulnaris aufweisen können. Absolute Zahlen werden freilich auch auf diese Weise nicht zu erzielen sein, relative nur durch Vergleich der Resultate am gleichen Individuum zu ungleichen Zeiten.

Unter den Experimenten mit höher psychischem Reiz als Ausgangsenergie sind zunächst die ergographischen Untersuchungen Weygandts zu nennen. Dieser Autor hat gefunden, daß, wenn Patienten befohlen wird, ergographische Arbeit zu verrichten, Neurasthenische sich zu erkennen geben durch eine typische Kurve, bei der die Ermüdung sich sofort geltend macht. Im Gegensatz hierzu hat jedoch Dubois festgestellt, daß die ergographischen Kurven seiner Patienten alles andere eher als charakteristisch seien. Er führt große Variation in den Kurven der Neurastheniker, wohl mit Recht, auf die Wirkung des jeweiligen Seelenzustandes des Untersuchten zurück. Es ist auch naheliegend, daß Fehlerquellen dieser Experimente, die in den höheren psychischen Instanzen lokalisiert, und deshalb nur zu geringem Teil dem Einfluß des Untersuchers zugänglich sind, die größte Reserve bei der Beurteilung der Resultate auferlegen. Ergographie

Eine experimentelle Studie zur Feststellung der Aufmerksamkeitsverhältnisse des Neurasthenikers müßte meines Erachtens bemerkenswerte Verhältnisse ergeben. Die mangelhafte Konzentrationsfähigkeit der Patienten ist ein Symptom, dessen Häufigkeit dazu auffordert. Die neurasthenische Störung der Aufmerk- Aufmerksamkeitsuntersuchungen samkeit zeigt für eine summarische Beobachtung den Charakter der Reizbarkeit und Schwäche, wie jede neurasthenisch veränderte Funktion. Infolgedessen ist von den zwei Komponenten, die Ziehen an der Aufmerksamkeit unterscheidet, die Vigilität beim Neurastheniker, entsprechend der Herabsetzung der Reizschwelle der Neurone, meist erhöht, die Tenazität — die Fähigkeit, „bei der Stange zu bleiben", herabgesetzt. Ein geeignetes Mittel zu einer Prüfung der Aufmerksamkeitstenazität bietet die Bourdonsche Probe, von der man fälschlicherweise verlangt, daß sie einem Auskunft über die Intelligenz des Exploranden geben soll. In einem sinnvollen Text enthalten die Worte eine Anzahl des Buchstabens n. In einem Konglomerat sinnloser Silben ist dieselbe Anzahl des gleichen Buchstabens vorhanden. Der zu Untersuchende hat in beiden Texten alle n anzustreichen. Ist die Tenazität seiner Aufmerksamkeit gut, so kann er sich auch bei dem sinnvollen Text auf die Aufgabe konzentrieren, ohne vom Inhalt abgelenkt zu werden; ist dies nicht der Fall, so wird ein wesentlicher Unterschied zwischen der Anzahl der gefundenen n im sinnlosen Text sich finden. Die Schwierigkeit für den wenig Geübten, Druckfehlerkorrekturen vorzunehmen, beruht auf demselben psychischen Mechanismus.

Das psychogalvanische Phänomen

Sind andere Formen der Affektivität, außer der Aufmerksamkeit, einer experimentellen Untersuchung zugänglich, deren Resultate eventuell der Erkenntnis der neurasthenischen Psychopathologie nützlich sein könnten? Etwelche Perspektive in dieser Richtung eröffnet sich in gewissen Resultaten über das psychogalvanische Phänomen. Dieses bietet uns nämlich ein Mittel, über das Abklingen von Affekten, die an eine Erinnerung geknüpft sind, wenigstens ein relatives Urteil uns zu verschaffen.

Während ein Individuum in bestimmter Elektrodenanordnung in einen Stromkreis eingeschlossen ist, der aus zwei Leclanché-Elementen und einem empfindlichen Drehspulengalvanometer besteht, werden ihm gewisse Worte zugerufen. Unter etwa 50 solchen Reizworten seien solche, von denen der Untersucher weiß, daß sie die betreffende gefühlsbetonte Vorstellung des Patienten wachrufen. Jedesmal nachdem dieser solche Worte gehört hat, wird das Galvanometer bedeutend größere Ausschläge aufweisen, als wenn er ihm gleichgültige Worte vernommen hat. Wird nun dieses gleiche Experiment in gleicher Weise öfters, in relativ kurzen Intervallen (von mindestens einem Tag) wiederholt, so werden die Ausschläge auf die kritischen Worte immer kleiner, bis sie sich dem Nullpunkt nähern. Geschieht dies schnell, so ist mit etwelcher Reserve der Schluß gestattet, daß der betreffende Affekt schnell abgeklungen sei, geschieht dies erst in ausgedehnter Zeit, so ist damit die Tenazität des betreffenden affektbeladenen Vorstellungsaggregates erwiesen. Ein traumatischer Hysteriker z. B. zeigte noch nach Monaten große elektive Ausschläge auf immer dieselben kritischen Reizworte. Meine Erfahrungen bei Neurasthenikern in dieser Sache sind noch zu wenig zahlreich, um zu bindenden Schlüssen zu berechtigen.

Psychanalyse

Bei der großen Bedeutung, die dem Unterbewußtsein bei der Genese und dem Verlauf einer Neurasthenie zukommt, ist es wichtig, die Mittel zu kennen, die uns einen Einblick in diese psychischen Sphären gestatten. Die Freudsche Schule legt das Hauptgewicht auf die Psychanalyse im allgemeinen und auf die Traumdeutung im besonderen. Zweifellos ist der Traum eine Äußerung des unterbewußten Ichs, und wer immer es ernstlich versucht hat, „psychanalytisch" vorzugehen, wird zugeben müssen, daß mit dieser Methode eine Menge Daten zutage gefördert werden, die ohne sie dem Arzte unbekannt bleiben. Soweit kann man ohne Zögern den Lehren Freuds folgen. Aber wo die Kunst der Interpretation der so gewonnenen Resultate beginnt, erinnern sich denn doch noch die überwiegende Mehrzahl der Neurologen der Tatsache, daß die assoziative Tätigkeit des Unterbewußtseins ihre eigene Logik hat, die sich von der unterscheidet, welche wir im naturwissenschaftlichen Denken anzuwenden für unsere Pflicht halten. Die Reserve gegen die letzten Konsequenzen der neuen Neurosenlehre läßt sich auf eine einfache Formel reduzieren: sie gründet sich auf die Tatsache, daß es viele Interpretationsmöglichkeiten, aber keine Interpretationssicherheit gibt für die Resultate der Psychanalyse.

Erhöhte Aufmerksamkeit verdienen, wie oben schon in einem Beispiel erläutert, die mannigfachen physiognomischen Äußerungen, durch welche auch unterbewußte Vorgänge sich verraten können. Freilich sind die hier einem guten Beobachter auffallenden Einzelheiten noch nicht in der Weise gesammelt und gesichtet, daß sie als ein diagnostisches Hilfsmittel ausgebeutet werden dürften.

Von Wichtigkeit scheint mir für die Psychopathologie auch der Neurasthenie das Assoziationsexperiment zu sein, wie es in den letzten Jahren von den Schülern **Bleulers**, besonders von **Jung** ausgebaut worden ist. Es kommt ihm für unsere Frage eine doppelte Bedeutung zu (ähnlich wie beim psychogalvanischen Experiment): eine heuristische, für die Aufdeckung gefühlsbetonter Vorstellungen, und zweitens, was freilich noch mit Reserve gesagt sein soll, eine solche vielleicht zur Gewinnung eines für die Neurasthenie, wenigstens für die „zerebrale Form" charakteristischen Assoziationsbildes. Die Methode ist folgende: Der Untersuchende ruft dem Patienten in gewissen Zeitabschnitten eine Anzahl einzelner Worte,

Assoziationsexperiment

z. B. Tisch, grün, Wasser, spazieren usw. zu und der Patient hat so schnell wie möglich jeweilen mit demjenigen Worte zu antworten, das sich ihm auf die Zunge drängt, wenn er das Reizwort vernommen hat. Man notiert sich die Reaktionszeit (d. h. die Zeit, die zwischen Reizwort und Reaktionswort verstreicht) und das Reaktionswort. Am Ende einer solchen Assoziationsreihe von etwa 50—100 Worten angelangt, kann man noch den Reproduktionsversuch anschließen: die Reizworte werden noch einmal gerufen und der Patient hat die Reaktionsworte, deren er sich noch erinnert, noch einmal anzugeben. Jung hat festgestellt, daß das Assoziationsexperiment gewisse „Komplexmerkmale" aufdeckt. Die wichtigsten darunter sind die verlängerte Reaktionszeit und die mangelhafte Reproduktion. Bei einiger Übung ist man imstande, die meisten Fehlerquellen auszuschalten. Meine eigenen Nachprüfungen (über zirka 250 Fälle zu etwa 100 Einzelversuchen) haben mich von der Richtigkeit dieser Angaben überzeugt. Es ist nicht zu leugnen, daß durch häufige Vornahme des Assoziationsexperimentes unsere Feinhörigkeit für die Dynamik der Äußerungen seelischer Vorgänge in den Nebenmenschen in hohem Grade gewinnt. Dies ist ein subjektiver Vorteil, den kein für Psychologie interessierter Arzt sich entgehen lassen sollte. Der objektive Gewinn wird zunächst in der Aufdeckung von gefühlsbetonten Komplexen bestehen, die auf andere Art eventuell nicht oder mit viel mehr Zeitverlust zu eruieren gewesen wären. Der Einwand, daß jedes Gespräch zum selben Ziele führe, ist meines Erachtens lange nicht für alle Fälle richtig. Man kann ja den Assoziationsversuch als eine gehackte Konversation betrachten. Aber sie hat vor einer gewöhnlichen Wechselrede den unschätzbaren Vorteil, daß sie in kurzer Zeit viel weitere Erinnerungsfelder durchstreift, als der geordnete Gedankengang einer Diskussion. Auch ist dem Antwortenden im Assoziationsversuch die Möglichkeit genommen, „mit Worten die Wahrheit zu verbergen", denn für die Aufdeckung von affektiven Zuständen sind gerade nicht die gesprochenen Worte der bezeichnende Teil der Reaktion.

Sind nun bei einem zu Untersuchenden, auch bei Wiederholung der gleichen Versuchsreihe unter mehreren Malen eine größere Anzahl gleicher Worte durch enorm lange Reaktionszeiten, eventuell durch totale Fehlreaktion (Ausbleiben einer Reaktion) ausgezeichnet, so scheint mir der Patient nicht nur ein Neurastheniker, sondern ein an einer schwereren Psychoneurose, etwa an Dementia praecox Leidender zu sein. Dieses Zeichen ist deshalb wichtig, weil, wie oben angedeutet, die Zahl derer nicht gering ist, die während länger dauernder Remissionen ihrer Dementia praecox allgemein, auch den Ärzten, als Neurastheniker imponieren.

Die Möglichkeit, ein charakteristisches Assoziationsbild für die cerebrale Neurasthenie zu finden, scheint mir nicht so fernab zu liegen. Soviel ich bis jetzt feststellen konnte, ist es, wie eben gesagt, nicht so sehr ein gehäuftes Vorkommen von langen Reaktionszeiten, was uns beim Neurastheniker auffällt, im Gegenteil, dieselben sind meist von sehr niedrigem Mittelwert, ähnlich wie bei ermüdeten Normalen. Dagegen frappiert das Vorwiegen von klanglichen Assoziationen (Alliterationen, Reime, Gleichheit des Wortstammes). Man erhält den Eindruck, daß das neurasthenische Gehirn sich von einer kurz vorher angetönten klanglichen Erinnerung loszumachen Mühe habe. Diese Abhängigkeit besonders auch von innerlich (beim Schreiben) wahrgenommenen Klangbildern äußert sich übrigens in einem stilistischen Phänomen, das dem Ermüdeten eigen ist und über das Neurasthenische sehr oft spontan klagen: beiden drängen sich, beim Abfassen eines Entwurfes besonders, mit lästiger Beharrlichkeit in kurzen Intervallen immer wieder gleiche, gleichklingende oder von gleichem Stamme entsprungene Worte in die Feder. Wenn das neurasthenische Assoziationsbild ein Charakteristikum besitzt, so ist es diese klangliche Perseveration.

III.

Als Leitsatz für die Überlegungen, welche die Therapie der Neurasthenie zum Gegenstand haben, möge die Ansicht eines Mannes zitiert sein, der unter den jetzt lebenden Ärzten wohl das umfangreichste Material zu diesen Fragen gesammelt haben dürfte. Erb resümiert eine Betrachtung dieses Gegenstandes in der Betonung der Notwendigkeit, „den Kranken alle nur erreichbaren Hilfsmittel für ihre Heilung zugänglich zu machen“.

Allgemeine therapeutische Gesichtspunkte

Die Erfahrung spricht also für Mannigfaltigkeit, nicht für Einseitigkeit des Behandlungsplanes. Gegen die letztere zu protestieren, mag zurzeit besonders am Platze sein, da hauptsächlich Vertreter der Psychotherapie glauben, der übrigen Mittel nicht nur völlig entraten, sondern von ihnen abraten zu können. Freilich muß hervorgehoben werden, daß auch führende Psychotherapeuten in den gleichen Arbeiten, welche die Wirkungskraft ihrer Behandlungsmethode zum Gegenstand haben, nicht verhehlen, daß sie in vielen Fällen auch anderer als rein psychisch wirkender Agentien sich bedienen.

Aber damit in der Vielheit der anzuwendenden Mittel zielstrebige Auswahl möglich sei — planlose Polypragmasie wirkt freilich mindestens so schlimm wie Einseitigkeit der Behandlung — ist nicht nur eine bis in die Einzelheit individualisierende Erkennung eines jeden Falles nötige Vorbedingung, sondern muß auch jegliche therapeutische Waffe in jedem einzelnen Fall mit Überlegung ausgewählt und angewendet werden.

Jene Forderung erfüllen wir, wenn wir den Patienten ärztlich, nicht nur psychologisch, psychologisch, nicht nur ärztlich, genau untersuchen, der zweiten werden wir gerecht in Anwendung, Abstufung und Gruppierung von Reizen.

Die Reizregulierung

Mit der Reduktion der Therapieformen auf Reizregulierung ist freilich zunächst nicht viel gesagt, denn es läßt sich jede Therapie bei jeder Krankheit auf diese Formel zurückführen: von der Psychotherapie bis zu ihren Antipoden — etwa zur chirurgischen Encheirese — immer bedeutet die ärztliche Intervention einen Eingriff in das Getriebe der Wechselwirkung von Zellgruppen des Organismus. Aber es ist bei Skizzierung der Therapie der Neurasthenie nicht überflüssig, besonders darauf hinzuweisen, weil gerade die Empfänglichkeit für Reize in dem primär erkrankten Gewebe eine abnorm gesteigerte ist und weil diese erhöhte Rezeptivität der Nervenelemente für die übrigen neuronphysiologischen Erscheinungen Vorbedingung ist. Mit besonderer Deutlichkeit drängt sich also hier die Forderung der Wahl und Dosierung der Reize als therapeutischer Agentien auf.

Die Reizregulierung in der Therapie der Neurasthenie hat zwei Direktiven: die eine nach der Einschränkung und Korrektur der a priori vorhandenen exogenen und endogenen Reize, die andere nach der Zuführung neuer, vom Arzte gewählter Reize, die teils somatische, teils die höher psychischen Instanzen des kranken Organismus treffen sollen.

Die Hygiene der thermischen und mechanischen Reize, denen der Körper als ganzes und die Nerven als rezipierendes Organ im besonderen zufolge der Lebensweise des Individuums ausgesetzt sind, ist zurzeit Gegenstand weitverbreiteten Interesses in Laien- sowohl als in Fachkreisen. Bei aller Anerkennung für vernünftige Vorschriften über Wasser-, Luft-, Sonnenstrahlenanwendungen und über Massagegebrauch kann man sich bei dieser jetzigen Sachlage des Eindruckes nicht erwehren, daß Übertreibungen der Bewertung auf diesem Gebiet nicht nur bei medizinisch Ungebildeten sich geltend machen, und daß sie, wenn nicht anders, so doch ganz sicher in psychischer Richtung schaden. Oder heißt es nicht ein Übel an das andere austauschen, wenn man aus einem sonstigen Neurotiker durch übermäßige Betonung all der im Grunde selbstverständlichen und von einer sachlichen Hygiene längst geforderten Maßnahmen eine neue Form der psychischen Minderwertigkeit züchtet — den Wasser-, Luft- und Lichthypochonder — dessen Zustand in seinen fortgeschrittensten Stadien am Kopf sich mit langen Haaren und an den Füßen mit Kneippsandalen äußert?

Physikalische Therapie

Die therapeutische Anwendung der thermischen und mechanischen Reize (Sonnen-, Luft-, Wasserbehandlung, Massage, zum Teil auch die Gymnastik) ist meines Erachtens zu ausschließlich unter dem Gesichtspunkt der alleinigen reflektorischen Wirkung auf die Vasomotoren und die folgerichtige Blutverteilung gestellt. Schon Goldscheiders oben zitierte Schrift macht auf die Einwirkung der durch diese Therapien gesetzten Reize auch auf die anderen Neurone aufmerksam. Die vasomotorische „Reaktion" der Hydrotherapeuten nach einem Bad z. B. ist doch wohl nur eine Wirkungsweise der angewendeten thermischen und mechanischen Reize; diejenige der Bahnung zunächst peripherer Neurone und die daraus entstehende Wirkung auf zentrale Instanzen des Nervensystems ist freilich weniger leicht zu konstatieren, aber gerade deswegen eines besonderen Studiums bedürftig. Ähnliches gilt von der elektrischen Beeinflussung des Nervensystems, besonders weil hier die vasomotorische Reaktion weniger offensichtlich sich in den Vordergrund drängt, als bei hydrotherapeutischen Maßnahmen.

Über die einzelnen Formen der physikalischen Beeinflussung sich ausführlich auszusprechen, liegt nicht in dem Rahmen dieser Arbeit. Es sei aber gestattet, angesichts des Eifers, mit dem die Industrie sich der Idee der physikalisch-therapeutischen Beeinflussungsmöglichkeiten bemächtigt hat, wenigstens auf einen Punkt hinzuweisen: darauf, daß die gewünschten Wirkungen mit einfachen Mitteln ebensogut zu erreichen sind, wie mit hochkomplizierten Apparaten. So scheint mir die Anwendung des richtig applizierten Halbbades alle anderen hydrotherapeutischen Maßnahmen an Abstufbarkeit und Wirksamkeit in einer Weise zu übertreffen, daß diese „Hydrotherapie in nuce" für die meisten Fälle von Neurasthenie vollauf genügen dürfte, für diejenigen wenigstens, bei denen anregende Wirkung der Wasserbehandlung angezeigt ist. Als beruhigende Prozedur genügt das einfache Vollbad mit indifferenter Temperatur und von langer Dauer, für Hebung des Wärmehaushaltes das alterprobte Soolbad — letzteres freilich unter besonders vorsichtiger Kontrolle der temporären Wirkungen. Von den elektrischen Anwendungen entspricht der Aufgabe der dosierten Reizung der Peripherie wohl die allgemeine Faradisation am ehesten.

Sei dem wie ihm wolle — jeder Therapeut wird bei dem materiell so reichen Angebot und der prinzipiell noch wenig aufgeklärten Sachlage seine eigenen

Ansichten haben — aber keiner sollte vergessen, daß gute wie unbefriedigende klinische Resultate dieser Behandlungsweisen ungemein schwierig zu analysieren sind. Die dauernden objektiven Zeichen ihrer Wirkung sind wenig zahlreich — Herabsetzung der arteriellen Hypertonie nach längerer allgemeiner Faradisation ist vielleicht eines — und wo wir zweifellos solche finden, ist es beinahe unmöglich, die ausschließende Ursächlichkeit der physikalischen Behandlung zu beweisen. Denn vor allem ist bei fast jeder therapeutischen Maßnahme (solche bei Säuglingen, Geisteskranken, Narkotisierten und Ohnmächtigen etwa ausgenommen) eine psychisch wirkende Komponente anzunehmen, deren Größenverhältnis zu den anderen Wirkungskomponenten in jedem einzelnen Falle wieder anders, und meistens sehr schwer zu beurteilen ist.

Chemische Therapie

Ein Gleiches gilt mutatis mutandis von der chemischen Beeinflussung der Neurone. Auch hier ist selten das suggestive Moment völlig auszuschalten. Daraus aber zu schließen, daß dies das einzig wirkende sei, ist ebenso einseitig, wie seine gänzliche Negierung.

Blut. Klima

Die Beeinflussung der Quantität und der Qualität der chemischen Reizzufuhr zu den Neuronen hat als primäres Ziel eine Veränderung des Blutes als des vermittelnden Organes. Es wird deshalb, wenn schon grobe Störungen des Blutes bei der Neurasthenie gewöhnlich nicht nachzuweisen sind, doch auch für die Therapie der Neurosen wichtig sein, die Fortschritte der Hämatologie in den Bereich der Erwägungen zu ziehen. Vorderhand fallen von den reichen Ergebnissen dieser Forschungen für die neurologische Betrachtung nur die Untersuchungen über die Wirkung der verschiedenen Klimata auf die Morphologie des Blutes in Betracht. Sie geben einen Anhaltspunkt zur Beurteilung, seit erwiesen ist, daß die Zunahme der Erythrocytenzahl im Beginn eines Gebirgsaufenthaltes eine tatsächliche, nicht nur eine durch Eindickung des Blutes vorgetäuschte ist. Vielleicht wird die Therapie einmal auch aus dem zeitlichen Ablauf dieser Vorgänge nützliche Schlüsse ziehen können, die dann auch manche Eigentümlichkeit der klimatischen Wirkung auf das Nervensystem dem Verständnis näher bringen kann.

Auch die Strömungsenergie des Blutes ist einer therapeutischen Beeinflussung zugänglich — die Vasomotorenwirkung der Hydrotherapie, die den venösen Rücklauf steigernde Massage und die im gleichen Sinne und durch Anregung der Herzaktion auf anderen Wegen tätige Gymnastik gehören hierher.

Die Qualität der chemischen Reize, welche die Neurone treffen, können wir insbesondere nach der negativen Seite beeinflussen, da, wo es sich um als Nervengifte erkannte Substanz handelt, deren Einführung in den Organismus verhindert werden kann. Wenn er- Nervengifte wiesen ist, daß Neurongruppen eine ausgesprochene Affinität zu gewissen chemischen Körpern besitzen, und daß diese Eigentümlichkeit sich in krankhafter Veränderung der Funktion dieser Neuronengruppen äußert, so ist damit die Indikation klar gegeben, die Einführung dieser chemischen Agentien in „giftiger“ Dosis zu vermeiden.

In diesem Sinne empfiehlt sich bei Behandlung der Neurasthenie der Rat zur Abstinenz vom Alkohol, von dem chemischen Körper, von dem heute kein berufener Beurteiler mehr ernstlich wird leugnen wollen, daß er zu den Elementen vielleicht des gesamten Nervensystems, am deutlichsten und in feinster Abstufung aber zu den höchst entwickelten Neuronen, deren Funktion die psychischen Leistungen bedingen, eine besondere Wahlverwandtschaft besitzt. Ebenso ist dem Neurastheniker das Rauchen zu verbieten, wenn nachgewiesen werden kann, daß er von der Nikotinwirkung Schaden an der Tätigkeit gewisser Nerven erleidet (Herzstörungen, Kopfschmerz, spastische Obstipation usw.). Ein Gleiches gilt vom Kaffee- und Teegenuß. Nur scheint mir, daß man bei der Empfehlung der Abstinenz von diesen Genußmitteln nicht alle auf die gleiche Stufe setzen sollte. Denn Coffein und Nikotin besitzen doch in der Hauptsache zu weniger hoch differenzierten Neuronen eine besondere Wahlverwandtschaft, als der Alkohol.

Komplizierter ist die Aufgabe der Beeinflussung der chemischen Reize, die das asthenische Neuron treffen, weil sie aus der eingenommenen Nahrung stammen. Die Schwierigkeit beruht darauf, daß wir die Wirkung der bis jetzt bekannten Stoffwechselabbau- und Endprodukte auf das Nervensystem nur mangelhaft kennen. Kommt den Stufen des Purinstoffwechsels tatsächlich eine ebenso schädliche Wirkung auf einen nervös wie auf einen arthritisch disponierten Organismus zu? Ist es gerechtfertigt, Neurasthenikern den Genuß von rohem Fleisch zu untersagen, sie wochenlang auf eine bald zum Überdruß werdende Mehlspeisenkost zu setzen, von anderen Outrierungen der Ernährungstherapie nicht zu reden? Diät

Im ganzen besehen, und in vorläufiger Ermangelung von für unsere Fragestellung eindeutigen Stoffwechselresultaten, ergeben sich aus dem Widerstreit der Ansichten, die in der Literatur niedergelegt sind, nur einige bescheidene, aber nicht unwichtige Schlußfolgerungen. Erstens der Rat, daß man den Neurastheniker nicht zu einem Stoffwechselhypochonder machen soll, dem Beefsteak und Salz, oder etwa rohe Äpfel wie der Anfang vom Ende vorkommen und für den die Harnsäure als der Inbegriff des Feindlichen erscheint. Es ist unglaublich, was für Ideen Patienten in dieser Beziehung im Schatze ihrer Vorstellungen beherbergen. Wer sie ihnen als unfehlbare Gesetze imputiert hat, gehört nicht immer Laienkreisen an. Freilich ist wohl zu unterscheiden: wenn organisch bedingte Indikationen zu bestimmter Regelung der Kost vorliegen, darf man sich über sie nicht hinwegsetzen; ist dies aber, wie bei echten Neurasthenikern, nicht der Fall, so ist eine Übertreibung diätetischer Ängstlichkeit ebenso schädlich wie jede andere. Zweitens ist allgemein bekannt, daß an vielen Orten, wo Neurastheniker ihrer Erholung wegen sich aufhalten, die Kost nun allerdings so unphysiologisch wie möglich zusammengestellt und gekocht wird. Einseitigkeit der Eiweißeinführung und Überladung mit Reizmitteln charakterisieren die bekannten Speisenfolgen all der Hôtels und derjenigen Sanatorien, in denen rein administrative Rücksichten gegenüber rein ärztlichen Überlegungen, nach mehr oder weniger Kampf, die Oberhand behalten. Durch energisches Eintreten aller in dieser Frage interessierten Ärzte für eine vernünftige Verköstigung ihrer Patienten wäre viel zu erreichen, zumal da die betreffenden Administratoren leicht zu überzeugen sein müssen, daß eine rationelle Kost auch das Ausgabenbudget bedeutend erleichtert.

Pharmakotherapie

Für die pharmakologische Beeinflussung der Neurasthenie wählen wir die Mittel hauptsächlich aus der Gruppe der Tonica und der Nervina. Die Anwendung von geeigneten Eisen- und Arsenpräparaten empfiehlt Erb aufs neue in dem eingangs zitierten

Artikel. Seine reiche Erfahrung gibt diesen Medikamenten den Vorzug vor der Unmasse der anderen, in steter Erneuerung sich präsentierenden Präparate zur Stärkung des Nervensystems. Gegen die Anwendung von Nervinis bei der Behandlung der Neurasthenie hat sich eine Strömung geltend gemacht, die als Reaktion gegen einen früheren übertriebenen Gebrauch dieser Mittel am Platze gewesen sein mag, aber ihrerseits auch nicht zu weit führen sollte. Denn es ist nicht zu rechtfertigen, wenn man etwa von der doktrinären Anschauung ausgehend, alle neurotischen Symptome seien ja doch psychogen, von der elektiven Wirkung gewisser Medikamente keinen Gebrauch macht. Denn mit der Unterdrückung der Gewohnheit eines quälenden Symptomes ist der Heilung oft der Weg geebnet.

Auch hier sollte das Bessere nicht der Feind des Guten sein: symptomatische Therapie hat ihre Existenzberechtigung neben derjenigen der Beseitigung der Grundursachen ganz besonders auch bei der Neurasthenie, wo alle Anomalien die Neigung zeigen, unter sich mehr oder weniger enge Zirkel zu schließen. Ein Zusammenarbeiten der Pharmakologie und der experimentellen Psychologie könnte in diesen Fragen ersprießliche Resultate zeitigen. In der pharmakodynamischen Natur der Nervina einerseits und in der konstanten psychischen Komponente der Neurasthenie andererseits liegt die Mahnung begründet, daß der sorgfältige Arzt keines dieser Mittel dem Patienten zur freien Disposition überläßt, auch nicht die „gänzlich harmlosen", wie Pyramidon u. dgl., von dem für das ärztliche Denken (?) vielfach im Vordergrund der Neurosenbehandlung stehende Brom und dem mit häufiger Kritiklosigkeit verschriebenen Veronal und den anderen Schlafmitteln nicht zu reden. Daß in dieser Beziehung auch Undichtigkeiten des Apothekergewissens eine deletäre Rolle im Befinden der Neurastheniker spielen, ist ein offenes Geheimnis. Vor unentwegtem Gebrauch der starken Narkotica, wie des Morphiums und seiner etwas weniger gefährlichen Verwandten bei der Behandlung der Neurasthenie warnen zu müssen, kommt der heutigen neurologischen Überlegung fast wie ein Anachronismus vor. Und doch erfährt man nur zu oft aus der Anamnese schon längere Zeit behandelter Fälle, daß die Patienten auch in jüngster Vergangenheit gänzlich kritiklos der Wirkung solcher Medizinen ausgesetzt worden sind.

Wie die psychotonische Komponente eine präponderante Rolle im Mechanismus der neurasthenischen Veränderung spielt, so muß naturgemäß der Psychotherapie zentrale Bedeutung für die Behandlung des Neurasthenikers beigemessen werden. Es rechtfertigt sich deshalb, wenn diese Fragen hier mit etwas größerer Ausführlichkeit besprochen werden.

Die Grenzen des Begriffes der Psychotherapie Psychotherapie sind weit — bedeutend weiter als sie gewöhnlich gesteckt werden. Dabei rechnen wir alles das nicht dazu, was die Psyche des Patienten in günstigem Sinne beeinflußt, ohne daß diese Beeinflussung vom Arzte zielstrebig herbeigezogen wird. Dazu gehören u. a. die oben berührten psychischen Neben- (oft Haupt-) Wirkungen anderweitiger therapeutischer Maßnahmen, dazu sind alle die unzählbaren und unkontrollierbaren Einflüsse auf das unterbewußte Ich des Patienten zu rechnen, die sich neben den bewußt aufgenommenen beständig in das Gehirn eindrängen. Alle diese Reize mag man unter dem Sammelbegriff der ungewollten psychischen Beeinflussung subsummieren, um durch diese Hervorhebung den Gegensatz zu dem bewußt therapeutisch, in zielstrebiger Absicht vorbereiteten und durchgeführten psychischen Behandlung ins Licht zu setzen. Es ist aus einem ganz besonderen Grund nützlich, die Möglichkeiten der seelischen Beeinflussung in dieser Weise nach dem Kriterium der therapeutischen Absicht zu unterscheiden: weil auch keine Form der beabsichtigten Psychotherapie restlos nur mit den Mitteln wirkt, die der Arzt bewußt auswählt. Vielmehr fallen auch hier stets ungewollte (darum nicht immer ungünstige) Nebenbeeinflussungen der Psyche des Patienten mit ins Gewicht.

Die Psychotherapie im engeren Sinne umfaßt heute

1. die Therapie der Verminderung der psychischen Reize in der Ruhekur, 2. diejenige der Herbeiziehung und Regelung neuer Milieureize, 3. die sprachliche Beeinflussung der einer logischen Verarbeitung zugänglichen krankhaften Vorstellung, 4. die mit diesem und anderen Mitteln vorgehenden Methoden der Beeinflussung des Unterbewußtseins, und 5. die Arbeitstherapie.

Alle diese fünf Kategorien machen den Begriff der modernen Psychotherapie aus. Wenn die Vertreter der einzelnen in ihren literarischen Darstellungen den Eindruck erwecken, als wäre nur die von ihnen verteidigte Stellungnahme die allein Heilung bringende, so mag dies viele Gründe haben. Erstens haben alle diese Bestrebungen sich innerhalb kurzer Zeit mit einer mehr oder weniger ausgeprägten Expansionskraft entwickelt und deshalb liegen sie vorderhand noch im Konkurrenzkampf. Ein solcher bringt naturgemäß auch eine beträchtliche Erregung mit ins Spiel, so daß tatsächliche, aber ungerechtfertigte Mißachtung der übrigen Kategorien in der Affektivität des einzelnen Psychotherapeuten begründet sein kann. Andererseits gebietet aber auch die Taktik des Vertreters irgendeiner Richtung so starke Hervorhebung der eigenen Ansichten, daß die tatsächlich koordinierten Möglichkeiten, wenn nicht unerwähnt bleiben, so doch mehr oder weniger absichtlich in den Schatten gestellt werden. Schließlich ist auch nicht zu übersehen, daß die Einteilung in verschiedene Provinzen der Psychotherapie, die oben aus didaktischen Gründen vorgeschlagen ist, naturgemäß etwas Arbiträres haben muß, indem jede der einzelnen psychotherapeutischen Behandlungsweisen bewußt oder unbewußt auch Elemente der anderen in ihrem Begriffe in sich faßt.

Das Urbild der Ruhekur ist in der Kombination mit gewissen Ernährungsbeeinflussungen bekannt als die Weir-Mitchellsche Kur, die beinahe so alt ist wie der Neurastheniebegriff Beards. Der Ruhetherapie sind alle diejenigen Neurastheniker bedürftig — aber nur diese — bei denen zu große Zahl und zu starke Intensität der somatisch sensoriellen und der exogenen psychischen Dauerreize als präponderante Krankheitsursache nachzuweisen sind. Für die anderen ist die Ruhekur in ihrer striktesten Form — Isolierung und Bettruhe — kontraindiziert. Ihre Dauer muß individuell sehr genau abgewogen werden. Denn es gibt bei jeder Ruhekur einen Zeitpunkt, wo sie anfängt, schädlich zu wirken. Über die schlimmen Konsequenzen überlang ausgedehnter Liegekuren kann man sich bei Patienten überzeugen, die aus nicht nervösen Ursachen zu solchen genötigt worden sind: geheilte Lungenkranke benötigen oft eines monatelangen Trainings, bis sie wieder eine normale nervöse Energie Ruhekur entwickeln können, auch wenn die Schwere der durchgemachten Lungenaffektion diese zögernde Restitution der nervösen Leitungsfähigkeit keineswegs erklärt. — Ruhetherapie ist wie Ruhe selbst relativ und bis zu einem gewissen Grade willkürlich abstufbar. Absolute Ruhe ist im lebenden Nervensystem nicht denkbar. Großmöglichste Ruhe erzielt man in erster Linie durch Abhaltung vermeidbarer Sinnesreize. Deshalb ist meistens, nicht immer, Versetzung des Patienten in ein anderes als das gewohnte Milieu notwendig. Denn es darf nicht übersehen werden, daß nicht nur die Sinnesreize als solche das Nervensystem des Kranken ungünstig beeinflussen, sondern — und hauptsächlich — der Affektbetrag, der sich an sie anknüpft. In der Umgebung des Patienten aber, in der er krank geworden ist, sind viele der bewußt werdenden wie der unbewußt bleibenden Sinneseindrücke Affekterreger. Eingehende Psychopathologie des einzelnen Falles deckt in dieser Beziehung oft merkwürdige Schächte in das Unterbewußtsein auf: an das Ticken der Stubenuhr zu Hause, an das Bellen des Nachbarhundes, an die Farbe einer Tapete, an den Geruch eines Treppenhauses — an lauter Dinge, deren erstmalige Perzeption zeitlich weit hinter der Gegenwart liegen kann und mit denen sich eventuell das bewußte Ich des Kranken nie befaßt hat, können affektive Erinnerungsvorgänge sich anknüpfen, die den anormalen Zustand des Kranken verschärfen. Auch ist in der alltäglichen Umgebung des Patienten die Möglichkeit oft ausgeschlossen, schon dem nötigsten Minimum an Bedürfnis nach Ruhe zu gewissen Stunden der Nacht (und des Tages) Rechnung zu tragen. Unnötiger Lärm in der weiteren Umgebung und ungeschickte Tageseinteilung sind die nächstliegenden Ursachen solcher Unzulänglichkeiten. Man versetzt also, wenn irgend tunlich, solche Kranke, die der Ruhe bedürftig sind, in die Krankenhäuser, die je nach ihrem Charakter verschiedene Bezeichnungen tragen. Allen diesen Aufenthalten gemeinsam ist die Notwendigkeit eines größeren oder kleineren finanziellen Opfers. Man sollte deshalb dem Kranken nur dann dazu raten, wenn die finanzielle Schwächung nicht als unverhältnismäßig schwere psychische Schädigung den eventuellen Nutzen des Anstaltsaufenthalts beeinträchtigt. Für die große Überzahl der unbemittelten und besonders der wenig bemittelten Neurastheniker hat man da und dort begonnen, für die Errichtung besonderer Anstalten zu sorgen.

Erfüllen nun die bis jetzt gebräuchlichen Aufenthalte die Indikationen einer Ruhekur? Jedenfalls nicht alle. Kliniken, in welchen Neurastheniker mit chirurgischen und anderen Kranken zusammen beherbergt werden, sind ein Notbehelf, dessen Unzulänglichkeit jeden Moment wieder klar zutage tritt. Aber auch in Sanatorien und Kuretablissements sind oft schon die baulichen Einrichtungen (Schalldichte der Böden, Wände und Türen und organisatorische Vorkehrungen) weit davon entfernt, die nötige Ruhe zu garantieren. Die Schwierigkeit, geeignetes, feinfühliges Wartepersonal zur Verfügung zu haben, bei dem womöglich auf Grund einer guten Erziehung in der Kindheit Rücksichtnahme für die Patienten vorausgesetzt werden kann, ist vielleicht nicht überall gleich verbreitet, aber nirgends unbekannt.

Forderung für die ausgesprochenste Form der Ruhekur ist die Isolierung im Einzelzimmer. Wandschirme vor einem Bett im allgemeinen Krankensaale sind ungenügende Mittel. Zum Begriff eines guten Sanatoriums ist Abstufungsmöglichkeit in der Ruhetherapie notwendige Bedingung. Eine mildere Form der Ruhekur besteht in der Unterbrechung der Isolierung durch Liegekur in gemeinsamen Räumen, eine weitere reduziert sich auf eine möglichst ungestörte Ruhezeit in der Nacht, aber mit prinzipiell durchgeführtem Frühaufstehen und eventuellem Abliegen unter Tag für allmählich verkürzte Zeitdauer. Den Zeitpunkt des Überganges von einer zur anderen Stufe nicht zu verpassen, ist eine ebenso wichtige Aufgabe wie die, ihn nicht zu früh zu wählen.

Milieureize

Schon während der absoluten Phase einer Ruhekur können wir den Einfluß des Milieus nicht nur im negativen, sondern auch im positiven Sinne therapeutisch verwenden. Unter diese Kategorie gehört, und wenn er sich's noch so sehr einbilden sollte, nicht nur der Arzt mit seinem Einfluß allein. Vor allem darf nicht außer acht gelassen werden, daß das Wartepersonal im allgemeinen längere Zeit mit dem Patienten in Kontakt ist, als der Arzt. Sodann verdient die Einwirkung der Krankenzimmerausstattung eine besondere Aufmerksamkeit. Man hat heute größere Leichtigkeit, ein Milieu zu schaffen, das zum mindesten nicht durch Geschmacklosigkeit oder lieblose Leere den feinfühligen Kranken beleidigt, als dies früher der Fall gewesen sein mag. Die mächtige Strömung zur Läuterung des Geschmackes in Baukunst und Handwerk sollte auch der Krankenstube zugute kommen. Mit relativ bescheidenen Auslagen sind heute Möbel, Tapeten und Bilder zu beschaffen, die durch schöne Form oder Farbe günstig beeinflussen. Aus dem Krankenzimmer des Neurasthenikers braucht kein hygienisches Dogma jeden nicht leicht desinfizierbaren Gegenstand zu verbannen. Der Raum soll nicht nach Art des klassischen Spitalzimmers von heute dem Patienten beständig wiederholen: hier bist du krank! Ein angulus ridens soll er ihm sein. Eine ausgesprochen optimistische Note zu vermitteln, sind ja nicht nur gute und heitere Bilder — Moritz Schwind, Richter, Spitzweg u. a. — Reproduktionen geeignet, sondern es kann, wer in dieser

Richtung seinem eigenen Geschmack nicht traut, zum immer sicheren Mittel des Blumenschmuckes greifen. Stammt nicht vom scharfen Denker Möbius der Ausspruch, daß ein Rosenstock im Krankenzimmer oft weit mehr wirke, als alle Arzneien?

Während der Kranke in sein Zimmer gebannt bleibt, ist seine Rezeptivität, weil auf Weniges beschränkt, bald besonders bereit, günstige Eindrücke aufzunehmen. Gehört doch das Wiedererwachen des Interesses an der Umwelt zu den sichersten Zeichen der Emanzipation der Psyche vom Banne der krankmachenden Komplexe.

Sobald der Neurastheniker sein Zimmer verlassen kann, oder, falls er keine strikte Ruhekur durchzumachen hatte, von Beginn an, ist er den Reizen auch des weiteren Milieus ausgesetzt. Wer nun Gelegenheit hat, solche Patienten in verschieden gelegenen Anstalten zu beobachten, kann eine merkwürdige Erscheinung nicht lange verkennen: schöne Gegenden, in denen z. B. eine Anstalt situiert sein mag, beeinflussen die meisten Patienten lange nicht in dem Maße, wie es erwartet werden sollte. Der Grund hierfür liegt nicht nur in der Krankheit, die in gewissen Stadien eine beschauliche Kontemplation verunmöglicht, sondern vor allem in der geringen Genußfähigkeit der Großzahl der zivilisierten Menschen für die Reize der Natur. Aus dieser in ihrem Umfang dem Kundigen erschreckenden Tatsache erwächst für den Arzt eine dankbare Aufgabe, die Empfänglichkeit für die Milieureize bei seinen Patienten zu steigern, eine Aufgabe, die vielleicht mit der Zeit erleichtert werden wird, wenn die große Bewegung zur Förderung der ästhetischen Genußfähigkeit, die allenthalben eingesetzt hat, auch dem Neurastheniker der Zukunft in dieser Beziehung zugute kommen wird. — Bezüglich der akustischen Einwirkung der Umwelt auf die Neurastheniker ist zunächst die große Wohltat der absoluten Stille im Beginne einer Kur unverkennbar. Was aber den Übergang von dieser zu einer zweiten Phase der Behandlung betrifft, so sei eine Beobachtung hervorgehoben, die keinem Nervenarzt unbekannt bleibt: In gewissen Stadien der nervösen Erschöpfung ist die Stimmung der Neurastheniker gegenüber der Musik völlig widerstandsunfähig. Ein paar Akkorde können genügen, um den Patienten zum Weinen zu bringen. Diese enorm gesteigerte Empfindlichkeit für Musik wäre eines besonderen Studiums würdig. Ich bin, bessere Belehrung vorbehalten, geneigt, sie auf die direkte Wirkung der Musik auf das Unterbewußtsein und ihre relative Unkontrollierbarkeit durch die Logik zurückzuführen. Es ist interessant, feststellen zu können, daß es durchaus nicht der Charakter der Musik ist, der die Wirkung bestimmt: nicht etwa nur schlechte oder schlecht vorgebrachte Musik wirkt in dieser Weise durch den begreiflichen Ärger, den sie dem Musika-

Musik

lischen verursacht, sondern auch gute (und zwar auch heitere). In einem vorgeschrittenen Stadium der Besserung kann gute Musik als therapeutisches Hilfsmittel nicht geringe Dienste leisten, vorausgesetzt, daß Auswahl in Art, Ausführung und Zeit richtig getroffen wird. Im allgemeinen wird man nie fehlgehen, wenn man selbst bei musikalisch Ungebildeten, ja bei sogenannten Unmusikalischen, am ehesten günstige Wirkung erwartet von den leichter verständlichen Kompositionen der Klassiker — der alten Italiener, der Deutschen von Bach bis Beethoven —, als von der modernen Musik, die auch in den besten Äußerungsformen alles andere eher als beruhigend und stärkend wirkt. —

Überredungstherapie

Die Psychotherapie, die durch Überredung den Patienten günstig beeinflussen will, findet in Dubois und seinen Schülern ihre Hauptvertreter. Sie geht von der Voraussetzung aus, daß der nervöse Mensch krank ist, weil er falsch denkt. Die Gleichgewichtsstörung seiner psychischen Energien müßte also von den Instanzen aus wieder beseitigt werden können, in denen die Überredung, d. h. die bessere Logik des Arztes und dessen dialektische Fähigkeit, dieser Denkweise Ausdruck zu geben, wirken kann. Das wäre doch wohl das Oberbewußtsein. Es besteht nun kein Zweifel, daß eine große Menge Neurastheniker in ihrer Logik, besonders ihrem Zustand gegenüber, beeinträchtigt sind. Insbesondere jene, die durch unbegründete Angst und Sorge über ihren angeblich gefährlichen Zustand das Steuer im Chaos ihrer Empfindungen verloren haben. Da, wie oben auseinandergesetzt, unüberdachte ärztliche Aussprüche in erschreckend häufigen Fällen die Ursache solcher Sorgen sind, kommt man oft in die mißliche Lage, zuerst da psychotherapeutisch angreifen zu müssen, wo früher ärztlich gesündigt worden ist.

Anderen Neurasthenikern haben das Konversationslexikon und populäre Medizinbücher die Hölle heiß gemacht. Der logische Fehler, als dessen Endresultat dann die krankmachenden Vorstellungen imponieren, ist meist leicht aufzufinden und zu beseitigen: durch vernünftiges Zureden ist solchen Kranken oft so schnell und gründlich zu helfen, daß irgendwelche Maßnahmen anderer Art nicht notwendig sind. Dann gibt es eine weitere Gruppe Kranker, bei denen ein seinerzeitiger Denkfehler, d. h. eine ungenügende Geltendmachung der eigenen Logik irgendeiner Affekterregung gegenüber zeitlich weit entfernt liegen kann, durch öftere Wiederholung aber so fest eingesessen ist, daß daraus eine Gleichgewichtsstörung entstehen mußte: auch unter den „gebildeten“ Neurasthenikern sind nicht wenige, die z. B. einem Aberglauben krassester Art unterworfen sind, gegen den ihr „gesunder Menschenverstand“ als gänzlich ohnmächtig sich erweist. Auch gehören in diese Gruppe der „logisch nicht ausgeglichenen“ alle jene Fälle, in denen Unterlassungen in der frühen Kindererziehung Gewohnheiten und Vorstellungsaggregate geschaffen haben, welche in späteren Jahren gesundheitsschädlich wirken: die Maßlosen im Genuß, die morgens zu lange Schlafenden, die zu viel Essenden, Trinkenden; die sexuell Unmäßigen. Auch bei diesen kann, aber schon mit weniger Aussicht auf Erfolg, an die Vernunft allein appelliert werden. Man kann sie auf den Ausspruch Raymonds verweisen, wonach „ceux qui savent se maîtriser“ selbst bei hereditärer Veranlagung der Neurasthenie sich entwinden können.

In letzter Linie hat die logische Beeinflussung zum Ziel eine philosophische Weltanschauung. Einer solchen benötigen Kranke einer nächsten Gruppe in besonderem Grade: diejenigen, bei denen Dauertraumen in Form von wirklichem, nicht eingebildetem Mißgeschick — Eheunglück ist die häufigste Veranlassung — ständig deprimierend wirken. Auch hier hat die Psychotherapie par raisonnement ein weites und oft lohnendes Feld vor sich.

Die Grenzen der reinen Vernunftspsychotherapie

Wenn aber bei Neurasthenikern die krankmachenden Vorstellungskomplexe nicht ohne weiteres bewußtseinsfähig sind, heißt es wohl tiefer tauchen, um sie in das Bereich der auflösenden Logik heraufzubringen, als es die einfache Persuasion kraft der ihr innewohnenden Denkrichtigkeit vermag. Bei diesen Fällen hört meines Erachtens die Wirkungssphäre der reinen Vernunftspsychotherapie auf und beginnt diejenige, deren Absehen auf die Komponenten des Unterbewußtseins gerichtet ist. Wenn bei solchen Patienten die Vertreter der Psychotherapie par raisonnement auch Erfolge erzielten — woran niemand zweifelt —, so geschieht dies eben nicht nur durch die Kraft der überredenden Logik des Arztes, sondern durch die Mitwirkung anderer psychischer Agentien, die bewußt oder unbewußt vom Arzt aus den Patienten beeinflussen. Nicht vergebens heben alle Rezensionen der Schriften Dubois' und seiner Schüler die Warmherzigkeit, den Fonds an Menschenfreundlichkeit und an unentwegtem Optimismus dieser Autoren hervor — Wirkungskräfte also, die der Affektivität des Therapeuten entspringen und von ihr aus wirken, die er selbst vielleicht zum Teil gar nicht kennt — die sogar auch deswegen wirken, weil er ihrer nicht bewußt wird, und die ihre Wirksamkeit verlören, sobald er sie bewußt und absichtlich zur Anwendung bringen wollte. C'est le ton qui fait la musique. Und er dringt nur in die Tiefe, wenn er echt ist.

Nun ist ja außer Zweifel, daß diese affektiven Eigenschaften des Therapeuten, gepaart mit seiner Logik, ihn selbst zu einer Weltanschauung bringen können, zu der Stoizismus, eine gesunde Mischung von Altruismus und Egoismus die Grundlage bilden, und es ist nicht unmöglich, daß durch wiederholte, in der Redaktion variierte, aber immer wohl durchdachte Äußerung dieser eigenen Ansichten des Arztes auch die Weltanschauung des Patienten selbst dann eine Wandlung erfahren kann, wenn seine unterbewußten Komplexe damit nicht im Einklang stehen. Aber es ist zu befürchten, daß solche Patienten mehr theoretische, als praktische Stoiker zu werden Gefahr laufen, und daß, wenn das hypertrophierte Unterbewußtsein aus irgendwelcher Ursache — Ermüdung — Intoxikation — übermächtigem Affekt — sich wieder geltend macht, die Fehler des alten Menschen — les rochers à marée basse — sich wieder zeigen.

Unbeschadet dieser Einwände ist der hohe Wert des psychotherapeutischen Appelles an die Vernunft um so weniger zu verkennen, als bei jedem Falle, auch bei solchen, deren Komplexe tiefer als im Bereiche der Logik liegen, eine größere oder kleinere Menge von Angriffspunkten für die logische Beeinflussung gleichwohl auch vorhanden sind. Insofern ist die Psychotherapie par raisonnement bei jedem Fall von Neurasthenie angezeigt — sie wird auch im Grunde genommen wohl von jedem Nervenarzt mehr oder weniger bewußt vorgenommen. Freilich schöpft nicht jeder aus dem gleichen Born von Geduld und superiorem Optimismus.

Aber nicht in allen Fällen der Neurasthenie genügt sie in der Form des einfachen Zuredens. Es gibt deren viele — ihre Zahl hängt für den einzelnen Beurteiler besonders davon ab, wie weit er den Begriff der Neurasthenie ausdehnen will in der Richtung der Angst- und Zwangsneurosen — es gibt genug Neurastheniker, bei denen die psychotonische Komponente ihrer Störungen tiefere Wurzeln hat; Wurzeln, die aus der Schicht ihre Nahrung saugen, wo die klärenden und lösenden Einflüsse der Logik nicht ohne weiteres hingelangen können. Die „primitive Mentalität" des Menschen ist sein unterbewußtes Ich. Ist dieses Sitz von Erinnerungen, die kraft ihres Affektbetrages und ihrer Assoziationstendenz das seelische Gleichgewicht stören, so gibt es zwei Arten seiner Beeinflussung: die hypnotische Therapie in der älteren Form, die unter Verzicht auf analytisches Eindringen einfach „das Verschwinden" von Symptomen suggeriert, und die aktuellen Methoden, die sich zum Teil aus dem Assoziationsexperiment aus der Breuer- und Freudschen kathartischen Behandlung entwickelt haben.

Die Therapie des Unterbewußtseins

Der Indikationskreis, den einzelne Neurologen noch für die einfache hypnotische Behandlung gelten lassen wollen, scheint zusehends kleiner zu werden, vermutlich weil dieses therapeutische Vorgehen der heutigen psychopathologischen Fragestellung nicht mehr genügt — was bei aller Anerkennung des Hypnotismus für gnostische Zwecke festgestellt werden kann. Ein Stigma dieser Wandlung finde ich in der letzten Auflage des Forelschen Buches über den Hypnotismus, worin besonders die Psychosynthesen Bezzolas eine volle Anerkennung erfahren — eine Behandlungsmethode also, bei der die hypnotische Beeinflussung zu einer durchaus sekundären Rolle reduziert ist. Dieser Gebrauch des Hypnotismus zur Einleitung des psychanalytischen Vorgehens wird teils noch als indiziert, teils als unnötig beschrieben.

Ziel

Die Psychotherapie des Unterbewußtseins erstrebt zunächst die Ausdehnung der Selbsterkenntnis des Patienten auch auf das, was als krankhafte Ursache dem Patienten nicht mehr bewußt werden kann, ohne daß analytisch vorgegangen wird. Ausgangspunkt für die Erkenntnis der Komponenten des Unterbewußtseins sind seine verschiedenen Äußerungen in den Träumen und, während des Wachszustandes, in störenden Irradiationen in das Getriebe der oberbewußten Tätigkeit und in anderweitige Begleiterscheinungen derselben. Eine eingehende Kritik der Grundidee der verschiedenen Methoden würde den Rahmen dieses Exposés überschreiten. Es sei, bei der relativen Neuheit der Sache, nur gestattet, auf einige auch bei dem jetzigen Entwicklungsstadium klarliegende Schwierigkeiten aufmerksam zu machen:

Die erste ist in der Aufgabe begründet, Unterbewußtes in einem anderen Individuum, was nach prinzipiell andersartigen Gesetzen assoziiert ist, in Oberbewußtes des Untersuchers zu übertragen. Das führt notgedrungen zur Symbolik. Sobald wir aber diese in das Bereich unserer Betrachtung ziehen, begeben wir uns auf die offene See der unbegrenzten Möglichkeiten. Es ist nun wohl denkbar, daß die Fortschritte der Psychopathologie mit der Zeit uns zuverlässigen Kompaß für ihre Durchquerungen bieten werden. Der in der Freudschen Schule gebotene, wonach im letzten Grunde in der Sexualität der Pol für alle symbolischen Äußerungen des Unterbewußtseins liegen soll, wird noch von der Mehrzahl der Neurologen abgelehnt. Irgendein vereinheitlichender Standpunkt in der Interpretation der Äußerungen des Unterbewußtseins birgt die Gefahr der Insinuation in sich. Diese zu umgehen, hat Bezzola eine Methode angegeben, wonach nicht der Arzt, sondern der Patient selbst zu interpretieren hätte, was aus der Tiefe seines unterbewußten Gedächtnisses heraufsteigt. Schwierigkeiten

Die zweite Gefahr liegt in den affektiven Vorgängen im Patienten bei der Psychoanalyse, eine Gefahr, deren Äußerung die Freudsche Lehre zu einem ihrer Bestandteile gemacht hat. Sie ist in der für eine solche Behandlung notwendigen Intensität des psychischen Kontaktes zwischen Arzt und Patient begründet, welche zur Folge hat, daß in letzterem die Persönlichkeit des Arztes, in vielen Fällen in unerwünschter Weise, mit der freigewordenen Affektivität umgeben wird. Daraus resultiert im besten Fall eine mehr oder weniger dauernde Abhängigkeit des Patienten vom Arzt, die von dem Ideal der Freiheit, die wir ihm verschaffen sollen, weit entfernt ist. Es mag ja dem Ruhm des Arztes und seiner eigenen Egozentrizität zuträglich sein, wenn diese Folge aus der Psychotherapie recht oft entsteht — ob es für die Patienten von Vorteil ist, sei dahingestellt.

Übrigens ist diese Folge der Psychotherapie auch bei anderen Formen derselben, wenn auch nicht so naheliegend, vorhanden*).

*) Dies mag eine der Ursachen sein, weshalb der Kultus des Begriffes von der „Persönlichkeit des Arztes" in der Literatur Dimensionen angenommen hat, mit denen wir uns vor der Kritik künftiger Generationen lächerlich machen. Ich kann mir nicht versagen, hier eine Stelle aus einem Aufsatz wörtlich zu zitieren — der Autor wird mir verzeihen, wenn ich ihn in diesem Zusammenhang nicht besonders nenne —: „als mal eine Patientin fragte: Croyez-vous, Docteur, à vos remèdes? antwortete ich: pas du tout, Madame, mais à ma personnalité" — Tableau! — Es sei übrigens nur an das oft wiederholte Wort erinnert, daß nur ein guter Mensch ein guter Arzt sein könne. Als ob wir wüßten, was alles am Arzt auf den Patienten wirkt, ob das, was auf ihn günstig wirkt, auch immer „gut" ist. Mancher, der von seiner Persönlichkeit nicht wenig hält, würde an einer Analyse der an ihm wirksamen Komponenten dieses Begriffes keine große Freude haben.

Schon aus diesen Gründen, aber auch aus ganz allgemeinen Überlegungen heraus, scheint es mir besonderer Betonung wert, daß der erstrebenswerte Zielpunkt all dieser analytisch vorgehenden Verfahren darin zu liegen hat, daß der Patient sobald als möglich sein eigener Psychanalytiker werde. Die Forderung ist alt — älter als die modernen Methoden der Psychanalyse. In seinen Untersuchungen über das unterbewußte Ich verlangt Waldstein die Erziehung zur autoanalytischen Therapie der Neurotiker: „Laßt ihn selber" — so rät der Autor — „mit Regelmäßigkeit und Ausdauer die Tiefen, möchte ich sagen, seines unterbewußten Ichs durchsuchen, laßt ihn sich bemühen, die verborgenen Ursachen seiner eigentümlichen Gefühle und Emotionen zu entdecken und derart durch Hervorheben und Umwandeln in bewußte Eindrücke ihren verderblichen Einfluß zuschanden zu machen. Er wird nach und nach das Überwiegen der emotionellen Eindrucksfähigkeiten reduzieren und den bewußten Teil seines Geistes stärken. Es wird durch solche Selbstbeichten eine stärkere und länger dauernde Wirkung erreichen, als er von den vertraulichen Mitteilungen an den Freund oder Arzt erhoffen darf oder im Beichtstuhl der Kirche finden würde." Selbstanalyse

Sicherlich ist es notwendig, den Patienten, wenn man ihm dazu die Anleitung gibt, von vornherein auf den Unterschied aufmerksam zu machen zwischen einem ziel- und systemlosen Grübeln und dem klaren Versuch, sich psychologisch „außer sich selbst zu stellen“ — und besonders auf die erste und schwierigste Bedingung: die schonungsloseste Wahrheitsliebe gegen sich selbst. Sie ist wohl meistens leichter zu erfüllen, als wenn die Wahrheit einem anderen geoffenbart werden soll.

Eine Methode, die den Selbstanalytiker meist am schnellsten auf seine Komplexe führt, ist die der Kettenassoziationen: er geht von einem Wort aus und assoziiert dazu ein zweites — benützt dieses als Reizwort, assoziiert dazu ein drittes usf. Er kommt dabei immer auf die tiefer liegenden Schichten.

Oder man wende die Methode Bezzolas an: Mit geschlossenen Augen stelle man sich z. B. ein Pferd vor. Wie steht es — Kopf rechts oder links? Farbe? Was tut es? Wo steht es? usf. und male sich die sich einstellenden Situationen so weit aus, bis die Mosaikarbeit der psychischen Assoziationstätigkeit zu den Punkten führt, wo Komplexe aufsteigen.

Die synthetische Schlußaufgabe

Wenn nun aber der Arzt oder der Patient selbst durch Psychanalyse dieser oder jener Art die unterbewußten Komplexe in die Breite des Bewußtseins gehoben hat — was dann? Wenn eine Mutter zur Einsicht gebracht wird, daß der Tod ihres vor Jahren verstorbenen Kindes eine Wurzel ihres Nervenelends gewesen ist — wenn einer Ehefrau klar gelegt wird, daß sie nervös sei, weil sie diese Ehe eingegangen — wenn die Analyse bei einem alten Junggesellen ergibt, daß eine alte Herzenswunde noch immer blutet und daß darin der Grund seines Leidens liege — was dann? Die Psychanalyse, die nur Wunden aufdeckt, ist eine Roheit sondergleichen und wenig Sympathie verdient der geistreiche Diagnostiker, der durch alle Dickichte der Diskretion hindurch den Weg zu einer kasuistischen Erkenntnis bahnt, um nachher den psychisch gänzlich entkleideten Patienten mit seinen neuen Kenntnissen dem Schicksal zu überlassen. Wer an eine psychanalytische Ergründung eines Falles sich heranwagt, möge sich wohl fragen, ob dieser geeignet sei, nach der analytischen Auflösung zur schließlichen therapeutischen Synthese.

Die letztere ist dann — natürlich — nichts anderes als eine Form der gleich zu behandelnden Arbeitstherapie oder wieder der „rationellen" Psychotherapie. Für die letztere handelt es sich nun um eine Umschmiedung der ungeeigneten, früher unterbewußt gewesenen Vorstellungen, im Sinne einer überwindenden Philosophie. Hier also sind erst die wahren Triumphe der Psychotherapie par raisonnement zu suchen! —

Arbeitstherapie

Eine Form der Psychotherapie, bei der die persönliche Intervention des Arztes etwas in den Hintergrund tritt und wo der Patient selbst, und in günstigen Fällen in zunehmendem Grade, die Führung übernimmt, ist schon in den sechziger Jahren des vorigen Jahrhunderts von Griesinger in der Behandlung der Geisteskranken, später von Möbius und Forel ungefähr zu gleicher Zeit für Nervöse empfohlen worden: die Arbeitstherapie. Die ersten praktischen Erfahrungen sind am Grohmannschen Institut in Zürich gemacht worden, das dann aber leider durchwegs mit ungeeignetem Krankenmaterial versehen worden ist und nach einiger Zeit einging. Seither sind anderwärts gemachte Beobachtungen vereinzelt — zu wenig zahlreich im Verhältnis zur Wichtigkeit des Gegenstandes — zur Veröffentlichung gelangt.

Ihre Formen

Die Arten der Arbeit, die therapeutisch verwendet werden können, sind übersichtshalber einzuteilen in 1. solche mit muskulärer Kraftabgabe und produktiven Charakters (z. B. Gärtnerei und Schreinerei), oder ohne produktiven Charakter (verschiedene Arten des Sportes); 2. solche vom Charakter vorwiegend geistiger Betätigung in Kunst, Literatur und Wissenschaft.

Die Arbeiten der ersten Gruppe sind im allgemeinen solche, wie sie der Patient bei einem Handwerker lernen kann. Zur ihrer Nutzbarmachung muß der Arzt also Werkstätten als Räume und gute Handwerker als Subalterne zur Verfügung haben. Die Arbeitsräume sollen, um Patienten dienlich zu sein, hygienischen Anforderungen genügen, die Handwerker, welche die Arbeiten zu leiten haben, müssen nicht nur ihr Gewerk verstehen, sondern dem Zustand ihrer Lehrlinge ein gewisses Verständnis entgegenbringen. Das alles sind Vorbedingungen, welche in ihrer Kombination solche Arten der Arbeitstherapie in der gewöhnlichen Praxis außerordentlich erschweren, und einen zentralisierten Komplex fast voraussetzen. Motorische Kraftleistungen dagegen ohne produktiven Charakter sind nicht an gleich erschwerte Bedingungen gebunden. Besonders empfehlen sich Tennis, Florettfechten, Reiten und die vernünftigen Formen des Wintersportes. Alle diese Betätigungen sind den vielerorts üblichen Frei- und Geräteturnübungen vorzuziehen, weil sie alle ein erheblich intensiveres Lustmoment in sich beherbergen, als das Turnen, dem etwas Abstraktes, etwas wie eine beständige Mahnung: „Tu das, denn es ist gesund!" anhaftet.

Von den therapeutischen Wirkungskomponenten dieser Gruppe ist eine ohne weiteres ersichtlich: die aktive Muskelanstrengung. In ihr liegen auch die Kontraindikationen begründet, die sie eventuell verbieten. Aber nicht jede Form der Ermüdung ist Gegenanzeige gegen diese Betätigungen: geistig Überanstrengte sind im Gegenteil ihre besten Objekte und es ist nicht zu viel gesagt mit der Behauptung, daß für ihrer viele diese Form der Psychotherapie unter sonst günstigen Verhältnissen zur Heilung ausreicht. Über die physiologische Rolle der kräftigen Muskelaktion auf das Nervensystem detaillierte Auskunft zu geben, dürfte eine schwierige und vielseitige Aufgabe sein. Zwei klinische Beobachtungstatsachen mögen aber erwähnt werden: erstens ist energische Anstrengung der Körpermuskulatur ein zweifelloses Mittel zur Dämpfung der sexuellen Übererregbarkeit in sehr vielen Fällen und zweitens weicht hartnäckige Obstipation nicht selten auf regelmäßig betriebene Anstrengung der Gesamtmuskulatur.

Schon diese Wirkungen sind zum Teil auf das durch die Muskelinnervation beeinflußte Nervensystem zurückzuführen. Die direkte psychische Beeinflussung durch die Arbeiten mit muskulärer Kraftabgabe ist schwer anders zu bezeichnen, als mit allgemeinen Ausdrücken: Anregung der Energie durch das richtig ausgewählte Arbeiten begleitende Lustmoment, Hebung des Mutes und Selbstvertrauens durch Erzielung zuerst kleiner, nachher größerer Erfolge (die eventuell bleibende Form annehmen bei Arbeiten produktiven Charakters), Bahnung der Aufmerksamkeit für außer dem Ich liegende Dinge und ihre Fixierung auf solche, dauernde Fesselung des Interesses für eine an sich gesunde Bewegung, die dem geheilten Neurastheniker später ein Bedürfnis bleiben soll, dessen Befriedigung ihn vor Rückfällen schützt, und schließlich temporäre Befreiung von Unlustaffekten durch kräftige motorische Entladung in Arbeitsform.

Unter den therapeutischen Betätigungen rein geistiger Art, bei denen die muskuläre Anstrengung zurücktritt, kann man zwei Gruppen unterscheiden: die rezeptive und die produktive. Erstere — ihr Prototyp ist die Lektüre — ist weniger zu empfehlen als letztere. Zuhören und Zusehen ohne aktive Reaktion ermüdet leichter. Besonders empfehlenswert erscheint das Zeichnen, das jedermann lernen kann und das die Fähigkeit, zu sehen, enorm steigert, sodann die Beschäftigung mit der scientia amabilis der Botanik, sofern die Anleitung dazu sich nicht in öder Systematik erschöpft.

Eine Hauptaufgabe in der richtig durchgeführten Arbeitstherapie ist die Erziehung des Neurasthenikers zur Zeitausnützung. Er soll lernen, seinen Tag für die Arbeit fruchtbringend einzuteilen. Solange nicht die Arbeit, wie im gewöhnlichen Leben, in dieser Beziehung Befehle erteilt, muß der Genesende auf die Gelegenheit aufmerksam gemacht werden, die Betätigung seinem Zustande anzupassen: rezeptive Arbeit zu Zeiten vorzunehmen, da er rezeptiv aufgelegt ist, produktive in den Stunden der produktiven Arbeitslust, muskuläre zu Zeiten, da er sich nicht ausschließlich geistig anstrengen will. Und vor allem soll der Neurastheniker bei systematischer Arbeitskur lernen, was so viele Ge- Aufgaben sunde zu ihrem Schaden nicht können: zur rechten Zeit sich von der Arbeit zu dégagieren.

Hat der Patient all dies gelernt in dem Stadium der Wiederherstellung, in welchem die Arbeitstherapie sich gradatim aus der vorherigen Ruhetherapie heraus entwickelt — wo also zuerst die gewissenhafteste Ruhe, nachher die gewissenhafteste Arbeit zur Hauptsache wird — so ist nicht nur durch vorsichtig ärztlich kontrollierte „Belastungsproben" der Übergang aus der Behandlung in das praktische Leben vermittelt, sondern der Genesene wird für das Weiterarbeiten in der Gesundheit nützliche Erfahrungen der Selbsterkenntnis mit sich nehmen, die ihre Vorteile als Schutz vor Wiedererkrankung nicht verleugnen, und die überhaupt eine wesentlichere Grundlage seiner künftigen Lebenskunst bilden werden.

Indikationen

Die Indikationen zur Arbeitstherapie sind im einzelnen Falle genau abzuwägen, auch ist die Art der gewählten Arbeit und die darauf verwendete Zeitdauer vom Arzt zu kontrollieren. Der Rat, sich für diese oder jene Arbeit zu entschließen, ist erst zu geben, wenn man den Patienten so weit gekräftigt sieht, daß die Gefahr einer Übermüdung ausgeschlossen ist. Die Wahl der Arbeit muß dem Patienten überlassen bleiben. Immerhin sei hervorgehoben, daß viele Patienten gar nicht wissen, welche unbenutzten Spannungen, die in lustvolle Arbeit umgesetzt werden könnten, in ihnen verborgen liegen. Solche im Verlaufe der Beobachtung des Patienten zu entdecken, ist eine psychologische Aufgabe, die doch wohl für den Arzt ebensoviel Reiz haben sollte, als z. B. das rein gnostische Aufwühlen sexueller Assoziationsmöglichkeiten.

Wenn oben gesagt worden ist, daß die Persönlichkeit des Arztes bei der Arbeitstherapie in den Hintergrund tritt, so ist dies also nicht so zu verstehen, daß er sich um diesen Zweig der Psychotherapie nur oberflächlich zu kümmern habe. Im Gegenteil, der Arzt hat sich um alle Arbeitsangelegenheiten für seine Patienten zu interessieren, er soll ihre Zahl vergrößern, ihre Wahl beaufsichtigen, ihre Ausführung kontrollieren. Aber alles dieses kann geschehen, ohne daß der Kontakt mit dem Patienten diejenigen Grenzen konstant überschreitet, die wir in Rücksicht auf die zu erzielende Selbständigkeit des Neurasthenikers sobald als möglich respektieren sollen.

Nervensanatorien für Wenigbemittelte

Die Arbeitstherapie ist auch diejenige Form der psychischen Behandlung, die am ehesten Erfolge verspricht, wenn viele Neurastheniker auf einmal der Sorge der Ärzte anvertraut sind — also bei den Massenansammlungen solcher Kranker. Sie ist deshalb einer der ersten Programmpunkte der Nervenanstalten für Wenigbemittelte und arme Neurotiker, wie sie in verschiedenen Ländern zum Teil schon bestehen, zum Teil eben geschaffen werden. Die offenbare Gefahr, daß hier nivellierende Maßnahmen ohne Rücksicht auf das Individuum den Nutzen der Arbeitstherapie reduzieren, ist groß. Individualisierendes Vorgehen verlangt ein Verständnis seitens der Ärzte für diesen Zweig der Therapie, das in der Literatur sich noch recht spärlich manifestiert hat. Auch liegt die andere Gefahr nahe, daß in solchen Anstalten unter den Psychotherapien nur die Arbeitstherapien berücksichtigt werden, was natürlich der jetzigen Sachlage der Erkenntnis der Neurosen keineswegs entspräche.

Die dringliche Notwendigkeit solcher Anstalten wird allmählich erkannt. Die ungeheure Überzahl der unbemittelten und wenig bemittelten Nervenkranken — die schon von Charcot festgestellt worden war — ist eine beständige Mahnung an die soziale Pflicht, da, wo sie schon bestehen, das Äußerste an Leistungsfähigkeit aufzuweisen, damit das Interesse anderweitig für die gleiche Idee geweckt wird, und da, wo sie noch nicht bestehen, an ihrer Schaffung tätig zu sein. —

GPSR Compliance

The European Union's (EU) General Product Safety Regulation (GPSR) is a set of rules that requires consumer products to be safe and our obligations to ensure this.

If you have any concerns about our products, you can contact us on ProductSafety@springernature.com

In case Publisher is established outside the EU, the EU authorized representative is:

Springer Nature Customer Service Center GmbH
Europaplatz 3
69115 Heidelberg, Germany

Batch number: 10844623

Printed by Printforce, the Netherlands